JN117008

地球新発見の旅
What am I feeling here ?

Great Landscape

美しい日本へ

絶景の旅

of Japan

どれほどの絶景も毎日見ていればやがてただの風景になる、と言う人がいる。

たしかに初めて目にしたときの驚きの絶景も、日々見ていれば日常化するだろう。それでもなお、

一度目にした絶景を二度も三度も見たいと思う。同じ風景が、時によって異なる貌も見せる。

晴天の松島は絶景だが、雨に霞む風情も捨てがたい。貌は朝に夕に、四季につれても変わる。刻々と。

それどころか同じ風景が見る者の心境によっても変わってくる。人それぞれの感性や思想によっても。

異質な感覚で映像の色にこだわった映画監督鈴木清順は、中尊寺の金色堂はむらさき色だと書いた。

壇ノ浦は赤色、東尋坊はオレンジ色。東京はピンク色で、洗練されているがときに鼻持ちならないと。

勝手に色をつけたのは先人で、西行や芭蕉らは致命的に旅の思想と感覚を抱き、それが後世の人々の

自由な想像や感覚を規制してしまったのだと言う。新しい旅人は新しい目で風景を見るべきなのだと。

本書の絶景も、鈴木清順に言わせれば「先人」の誰かが「絶景」と規制した絵柄だということになる。
「絶景」という概念のなかで、しかも写真の宿命とはいえ、ある一瞬の光景を切り取ったにすぎない。
一瞬は、これ以外に無数にある。どの光景も休みなく様相を変える。しかもここには匂いも音もない。
ドイツの詩人アンゲルス・シレジウスは、「行けないところへ行け、見えないものを見よ」と言った。
「聴こえない音を聴け」とも。東洋には「音を観る」という思想がある。心と想像力の問題だろう。
つまりはあなた自身が、この絶景の前に立ってみるしかない。自身の五感で接してみるしかない。
そこには音があり匂いがあり風のそよぎがある。目前の光景の奥に、無数の絶景が見えてくるはずだ。
ヘルマン・ヘッセは、目的だけを求める目に放浪の甘美はないと言ったが、それは違う。目的地の前で、
あなたはあなただけの絶景を感じ、身動きできないまま、甘美な放浪のなかにいるはずだ。

地球新発見の旅
What am I feeling here ?

美しい日本へ
絶景の旅

CONTENTS

いつか訪れたい 日本の美しい場所
エリア別 絶景MAP ①

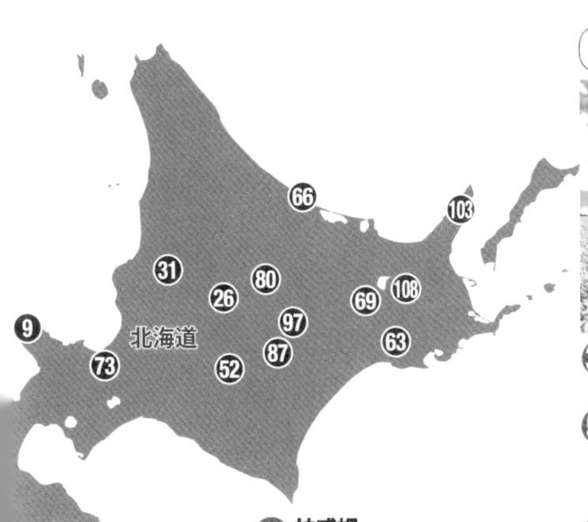

北海道

⑨ **神威岬**
→24 北海道

㉖ **美瑛・四季彩の丘**
→64 北海道

㉛ **北竜町ひまわりの里**
→78 北海道

(52) **星野リゾート トマム 雲海テラス**
→118 北海道

(63) **釧路湿原**
→142 北海道

(66) **オホーツク海の流氷**
→152 北海道

(69) **阿寒湖のフロストフラワー**
→160 北海道

(73) **真駒内花火大会**
→167 北海道

(80) **層雲峡**
→184 北海道

(87) **しかりべつ湖コタン**
→202 北海道

(97) **タウシュベツ川橋梁／松見大橋**
→220 北海道

(103) **知床五湖**
→228 北海道

(108) **摩周湖**
→244 北海道

東北

⑬ **北山崎／浄土ヶ浜**
→36 岩手

㉚ **弘前公園**
→76 青森

㉟ **横浜町の菜の花畑**
→86 青森

㊴ **三春滝桜**
→89 福島

㊶ **奥入瀬渓流**
→96 青森

(57) **八幡平**
→134
岩手／秋田

(59) **龍泉洞**
→140 岩手

(65) **竜ヶ原湿原**
→150 秋田

(67) **八甲田山の樹氷**
→156 青森

(68) **横手のかまくら**
→158 秋田

(71) **大曲の花火**
→166 秋田

(81) **霧幻峡の渡し**
→186 福島

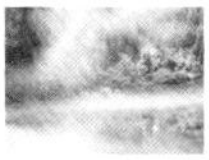

(85) **猊鼻渓**
→196 岩手

(91) **蔵王の御釜**
→204 宮城

(93) **川原毛地獄**
→210 秋田

(104) **十二湖の青池**
→232 青森

(107) **白川湖の水没林**
→242 山形

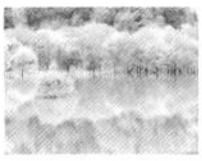

(109) **五色沼**
→248 福島

いつか訪れたい 日本の美しい場所
エリア別 絶景MAP ②

九州・沖縄

⑭ 都井岬
→40 宮崎

⑮ 御輿来海岸
→42 熊本

⑳ 吹上浜
→51 鹿児島

㉒ 石垣島
→52 沖縄

㉓ 竹富島の コンドイ浜
→56 沖縄

㉔ 慶良間諸島
→58 沖縄

㉕ 与論島の 百合ヶ浜
→62 鹿児島

㊵ 屋久島の 白谷雲水峡
→90 鹿児島

㊲ 阿蘇の 草千里ヶ浜
→130 熊本

㉖ 千仏鍾乳洞
→140 福岡

㉑ 石垣島鍾乳洞
→141 沖縄

㉖ 鍋ヶ滝
→172 熊本

㉙ 高千穂峡
→180 宮崎

㉝ 菊池渓谷
→190 熊本

㉘ Camping resort 花と星
→202 大分

㉝ 有村溶岩展望所
→208 鹿児島

㉘ 古宇利大橋
→224 沖縄

㉖ 角島大橋
→218 山口

㉘ 四国カルスト
→138
愛媛／高知

㉒ 秋芳洞
→141 山口

㉘ 安居渓谷
→188 高知

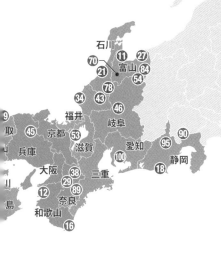

希少生物たちが暮らす濃密な亜熱帯ジャングル

001
2021年登録

鹿児島／沖縄 ◆ あまみおおしま、とくのしま、おきなわじまほくぶおよびいりおもてじま

奄美大島、徳之島、沖縄島北部及び西表島

▌多様な生き物たちの楽園
豊かな森と海を訪れる

　琉球列島の中部と南部に位置する奄美大島、徳之島、沖縄本島、西表島は、大陸や周辺島嶼(とうしょ)との結合・分離を繰り返して島が形成された。それぞれの島で生物は独自の進化を遂げ、アマミノクロウサギやイリオモテヤマネコに代表される貴重な固有種が数多く生まれている。こうした生物多様性も極めて高いことが、世界自然遺産の登録につながった。コバルトブルーの海に囲まれた島々には亜熱帯ジャングルが広がり、滝や渓谷、マングローブ林など、ワイルドな自然があふれる。各島では、希少生物の森を巡るトレッキングやカヌーなどのツアーが実施されている。

西表島のピナイサーラの
滝上付近から亜熱帯の
森と海を一望する

11

緑の北の大地に描かれる縄文のストーンサークル

002

2021年登録

北海道／青森／岩手／秋田　◆ほっかいどう・きたとうほくのじょうもんいせきぐん

北海道・北東北の縄文遺跡群

サークル状に石が並ぶ
大湯環状列石（秋田県
鹿角市）。縄文後期の
祭祀場と考えられている

縄文文化を伝える遺跡を巡り 北日本の大自然を謳歌する

　北海道南部と青森、岩手、秋田の北日本には、落葉広葉樹の森や好漁場に恵まれた豊かな大地が広がる。およそ1万5000年前には人々が定住し、1万年以上続く縄文文化が花開いた。一帯には縄文遺跡が高密度に分布し、日本最大級の集落遺跡・三内丸山遺跡、祈りの場の大湯環状列石（ストーンサークル）などの貴重な遺跡が数多く見つかっている。集落跡や墓地、祭祀場など、点在する17の遺跡が世界文化遺産を構成する。神秘的なストーンサークルや復元集落を緑が包み込む雄大な光景は太古の時代を思わせる。それぞれの遺跡周辺には、見学者用のガイダンス施設が設けられている。

独自の歴史・文化と威風堂々たるたたずまい

003

2013年登録

山梨／静岡 ◆ふじさん-しんこうのたいしょうとげいじゅつのげんせん-

富士山
-信仰の対象と芸術の源泉-

日本の山岳信仰を生んだ霊峰
人々を魅了する10万年の歴史

約10万年前に誕生し、日本の象徴として国内外に認知される日本一の山。古来、噴火を繰り返す富士に日本人は畏敬の念を抱き、神仏の住まう信仰の地として崇めてきた。裾野を広げる美しい立ち姿とオーラを放つ神秘性が芸術家たちをも魅了し、江戸の浮世絵師・葛飾北斎の『富嶽三十六景』をはじめとする多くの傑作を生んだ。富士の持つ宗教性と芸術性が、世界文化遺産の登録へと結びついた。遠くの展望地や山麓からの眺望、登頂など、富士の味わい方はさまざまだ。早朝の赤富士や冬の白富士と、変幻自在の美で楽しませてくれる。

富士山 信仰の対象と芸術の源泉-

季節や時間により刻々と美しさが変わる。日本一の山頂から拝むご来光や雲海も神秘的

15

流氷がもたらす多様な命を
知床の大自然が守り育てる

北海道 ●しれとこ

004 知床

2005年登録

豊かな生態系を生み出す森を
海上と陸からウォッチング

　オホーツク海に突き出す知床半島はほとんどが原生林で覆われ、知床連山や湖沼、滝、断崖絶壁のダイナミックな自然に満ちている。冬に押し寄せる流氷が知床の海に養分を運び、プランクトンから魚、鳥類や海洋哺乳類、ヒグマなどの陸上動物、植物とつながる食物連鎖を育んでいる。海から川、陸を結ぶ特徴的な生態系や生物多様性により、知床は世界自然遺産に登録された。知床の雄大な自然を満喫するには、知床五湖の神秘的な湖沼群やフレペの滝などの景勝地を訪ねるトレッキングがおすすめ。断崖絶壁の海岸線を巡る半島クルースも実施されている。

原生林に5つの神秘的な湖が点在する知床五湖。地上遊歩道と高架木道で見学できる

伝統家屋の並ぶ山里に日本の原風景を求めて

岐阜／富山　しらかわごう・ごかやまのがっしょうづくりしゅうらく

白川郷・五箇山の合掌造り集落

白川郷の荻町合掌
造り集落。展望台か
ら集落の全景を眺め
ることができる

今も生活が息づく伝統集落で
季節の山里風景を楽しむ

　山あいに合掌造りの家々が並ぶのどかな景観で知られる岐阜県白川郷と富山県五箇山。これら合掌造り家屋の多くは、江戸中期から明治期に建てられている。豪雪に耐える急勾配の茅葺き屋根、養蚕作業に使われた屋根裏空間など、地方特有の気候風土や生活文化に適した機能性を有している。伝統的集落の景観を色濃く残す白川郷の荻町、五箇山の菅沼・相倉の3集落が世界文化遺産に登録された。集落を囲む山々と田畑、合掌造り家屋が相まって、山里に抒情的景観を紡ぐ。

緑の茂る夏もいいが、ブナの森が紅葉する秋も見事。紅葉の見頃は10月中旬〜下旬頃

ブナの森がつくる「自然博物館」
多彩な自然に心癒やされる

006

1993年登録

青森／秋田　しらかみさんち

白神山地

東アジア最大級のブナ天然林
苔むす神秘的な森を散策

白神山地は青森県南西部から秋田県北西部にまたがる約13万haの山岳地帯。そのうち、約1万7000haにおよぶ原生的なブナ林が、日本初の世界自然遺産に登録された。ドングリやクルミなど山の恵み豊かなブナの森には、多種多様な動植物が生育・生息する。苔むす深い谷や清流、名瀑、湖沼などの景勝を巡る、多彩な散策コースが各所に設けられている。

ユニークな生物が待っている 東京のトロピカルアイランド

007 小笠原諸島

東京 ● おがさわらしょとう

2011年登録

■ "東洋のガラパゴス"で 個性豊かな島の自然を満喫

東京・竹芝桟橋から約1000km南、24時間の船旅でたどり着く小笠原諸島は、大小30余の島々からなる。隔絶された小さな島の環境で、独自の進化を遂げた固有の動植物が数多く発見されている。沖縄本島とほぼ同緯度の島々は亜熱帯の自然の楽園。玄関口の父島を拠点に、マリンアクティビティや原生の森のトレッキング、島グルメなどで南国特有の自然を満喫したい。

特集 美しい世界遺産　白神山地／小笠原諸島

南島にある美しい入り江・扇池。石灰岩の浸食によって形成された奇岩や貴重な地質も見られる

神聖な空気に満ちあふれる山岳霊場へと古道が続く

和歌山／奈良／三重　きいさんちのれいじょうとさんけいみち

紀伊山地の霊場と参詣道

神道・仏教・修験道の聖地
昔の面影を残す参詣道を歩く

山脈が縦横に走り、深い森に覆われる紀伊山地は、神話の時代より山岳信仰の地とされてきた。神道や仏教・修験道の聖地として熊野三山、高野山、吉野・大峯の3つの霊場が開かれ、山中には熊野古道などの多くの参詣道が整備されている。巨木の森に続く参詣道の石段や石畳、静寂の地にたたずむ寺社の古建築が、聖地の神秘的な気配を漂わせている。

熊野那智大社から続く熊野古道大雲取越。雲の中を行くような険しい峠道が待っている

日本世界遺産MAP

2021年7月に登録された2件を含め、日本各地に点在する世界遺産は文化遺産・自然遺産合わせて全25件。長い年月を経てもなお、美しさを失わない世界に誇る日本の名所には、人と自然の共存する歴史や物語が紡がれている。

※構成要素が広域にわたる世界遺産については、地図位置を省略しています。

●北海道・北東北の縄文遺跡群 →P.12

Ⓑ 白神山地 →P.20

Ⓐ 知床 →P.16

Ⓝ 紀伊山地の霊場と参詣道 →P.22

Ⓞ 石見銀山遺跡とその文化的景観

16〜20世紀まで操業した石見銀山の鉱山遺跡や鉱山町、港、街道など14の構成資産。

Ⓟ 原爆ドーム
核兵器の惨禍を伝え、恒久平和を願う象徴的な建物。近くに広島平和記念資料館が建つ。

Ⓠ 厳島神社
平安様式を残す朱塗りの社殿と鳥居の立つ海、背後の弥山原始林で構成。

Ⓡ「神宿る島」宗像・沖ノ島と関連遺産群
一般の入島が制限される信仰の島・沖ノ島に残る古代祭祀の遺跡と大島、九州本土にある関連史跡。

●長崎と天草地方の潜伏キリシタン関連遺産
2世紀以上続いた長崎と天草地方の潜伏キリシタンの歴史を伝える12の資産。大浦天主堂や集落など。

●明治日本の産業革命遺産
製鉄・製鋼、造船、石炭産業 幕末から明治に日本が急速に近代化した歴史を象徴する23の資産群。山口、長崎など8県に点在。

Ⓙ 古都京都の文化財
清水寺、平等院、延暦寺、二条城など、1000年以上栄えた古都に残る17の社寺と城で構成。

Ⓙ 百舌鳥・古市古墳群
-古代日本の墳墓群- 仁徳天皇陵をはじめ、4世紀後半から5世紀後半に築造された古代王たちの墳墓群。

Ⓚ 姫路城
白鷺城の別称で知られる白漆喰の優美な城。17世紀初頭の代表的な城郭建築。

Ⓛ 古都奈良の文化財
東大寺や春日大社、唐招提寺など、天平文化が花開いた古都・奈良の8つの資産で構成。

Ⓓ 日光の社寺
日光山内にある二荒山神社、東照宮、輪王寺の2社1寺と、それらを取り巻く遺跡からなる。

Ⓔ 白川郷・五箇山の合掌造り集落 →P.18

Ⓗ 富士山 -信仰の対象と芸術の源泉- →P.14

Ⓒ 平泉
-仏国土(浄土)を表す建築・庭園及び関連の考古学的遺跡群- 平安末期に極楽浄土を体現した平泉の中尊寺金色堂や毛越寺庭園、遺跡など。

Ⓕ 富岡製糸場と絹産業遺産群
近代日本における絹産業の技術革新を象徴する富岡製糸場と、周辺地域に点在する絹産業関連遺産群。

Ⓖ ル・コルビュジエの建築作品
-近代建築運動への顕著な貢献- 近代建築の巨匠、ル・コルビュジエが手がけたモダニズム建築の傑作。国立西洋美術館など7カ国に点在。

小笠原諸島

Ⓢ 屋久島 →P.90

●奄美大島、徳之島、沖縄島北部及び西表島 →P.10

Ⓣ 琉球王国のグスク及び関連遺産群
15世紀前半から19世紀後半に栄えた琉球王国の歴史と文化を物語る首里城などの城跡と琉球王国関連遺産。

Ⓜ 法隆寺地域の仏教建造物
世界最古の木造建築物の法隆寺、日本最大最古の三重塔が建つ法起寺の仏教建築。

Ⓤ 小笠原諸島 →P.21

※日本の世界遺産についての詳細は文化庁HP(https://www.bunka.go.jp/seisaku/bunkazai/shokai/sekai_isan/ichiran/)を確認

23

どこまでも青く透き通る積丹ブルー

アイヌ語で神を意味する岬
透き通る青色に沈む伝説

真っ青な大海原にせり出した岬の先端まで、尾根沿いの遊歩道「チャレンカの小道」をたどるとその先に見えてくるのは水平線。大陸へと旅立った源義経一行を追って絶望したアイヌの娘チャレンカが、身を投じた伝説が残る海は、その悲しみと恨みで女性を乗せた船が近づくと必ず転覆したことから、明治時代初期まで女人禁制の地に。岬から眺めるダイナミックな積丹ブルーの海と陸地の緑色、切り立った崖や奇岩が織りなす絶景は北海道遺産のひとつにも選ばれている。

透明な青色に突き出す岬。海中に直立する神威岩は、海に身を投げたアイヌの娘チャレンカが岩と化したものと伝わる

黄金岬 ●おうごんみさき

ニシンの大群に夕日が反射して黄金色に見えたことから名付けられた。コバルトブルーの海のすぐ向こうに上から見るとハート形の宝島(写真中央)がある。

◆アクセス 神威岬へ

●小樽駅から神威岬まで車で約1時間30分／路線バス積丹線で約2時間20分
●新千歳空港から神威岬まで車で約2時間20分
4月中旬〜10月中旬は、札幌駅発、小樽駅経由の高速バス・高速しゃこたん号が1日1便運行。約2時間5分。

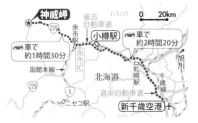

お待ちしています！

潮騒に心躍らせながら海も緑も楽しめる島武意海岸は、断崖絶壁が続くなかで唯一波打ち際まで降りられるスポット。初夏には、エゾカンゾウの花と緑、積丹ブルーの海とのコントラストをお楽しみいただけます。 積丹町マスコットキャラクター うにどん

島武意海岸
●しまむいかいがん
トンネルを抜けると鮮やかな海が見える。日本の渚百選のひとつ。

● いつ行きますか？

海の青さが引き立つ夏は緑の大地とウニも見事

木々の緑に海の青さと透明度が特に際立つのは夏の晴天時。6〜8月はウニ漁が解禁となるので絶景とグルメの両方が楽しめる。

積丹ブルーと大自然の絶景が見渡せる夏の神威岬

おでかけ前に 最新情報！

積丹観光協会 ☎0135-44-3715
北海道積丹町美国町 積丹町観光せんたぁ

● 絶景をめぐるおすすめプラン

半島巡りと余市、小樽観光も併せて組もう

1日目

午前＊積丹ブルーを見に行く
旅のメイン神威岬へ向かう。駐車場から岬の先端まで往復約1時間。

午後＊積丹ウニに舌鼓
ランチは地元の名産ウニ丼。積丹の絶景ポイント、黄金岬で夕日観賞も。

2日目

午前＊ウイスキーの聖地へ
朝ドラの舞台にもなったウイスキーの聖地、余市はワインでも有名。

午後＊小樽の街を観光
歴史ある小樽の街では散策やグルメ、買い物をたっぷり楽しもう。

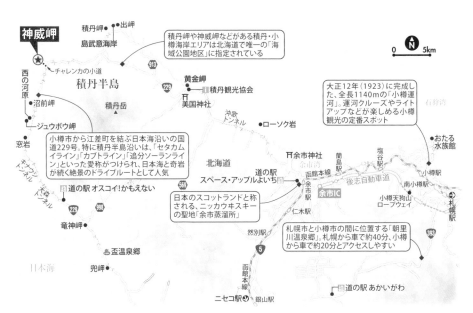

積丹岬や神威岬などがある積丹・小樽海岸エリアは北海道で唯一の「海域公園地区」に指定されている

大正12年（1923）に完成した、全長1140mの「小樽運河」。運河クルーズやライトアップなどが楽しめる小樽観光の定番スポット

小樽市から江差町を結ぶ日本海沿いの国道229号。特に積丹半島沿いは、「セタカムイライン」「カブトライン」「追分ソーランライン」といった愛称がつけられ、日本海と奇岩が続く絶景のドライブルートとして人気

日本のスコットランドと称される、ニッカウヰスキーの聖地「余市蒸溜所」

札幌市と小樽市の間に位置する「朝里川温泉郷」。札幌から車で約40分、小樽から車で約20分とアクセスしやすい

010 柏島

舟が宙に浮かぶ! そんな透明度の高さで有名

お待ちしています!

四国の西南の端っこに位置する大月町は、1000種類以上の海の生き物が見られるダイビングスポット柏島のほか、黒潮がぶつかる白亜の絶壁などダイナミックな海岸線、四季折々の花々やへんろみち、田園など素朴な日本の原風景が今も息づいています。レジャーのみならず癒やされに高知西南の大月町へぜひお越しください。

大月町観光ガイド会 会長　浜岡さん

圧倒的な透明度で人々を惹きつける

　四国の西南端、大月半島と2つの小橋で結ばれた周囲4kmほどの柏島。黒潮と豊後水道がぶつかる海域に位置することから、一帯に生息する魚類の種類が豊富で、以前からダイビングスポットとして有名な地域だった。

　近年SNSなどで海の透明度が話題となり、今や大人気スポットに。海況が良ければ、その透明度40mともいわれる美しさを目にすることができる。

⬆透明度が高く、風のない、太陽が真上にある正午前後なら、舟が宙に浮いたような写真が撮れるかも!

大堂山展望台 ●おおどうやまてんぼうだい

柏島やその先に浮かぶ沖の島など、360度のパノラマビューが満喫できる。展望台近くの大堂お猿公園から始まる遊歩道を利用すれば観音岩(写真右)に出られる。

弁天島 ●べんてんじま

柏島から10kmほど離れた樫西海岸にある弁天島は、干潮時には歩いて渡ることができる。夏にはレジャー客で賑わう。

↟海水浴場・白浜の海を一望。透明度の高い海が広がる

◆アクセス 柏島へ

●高知空港から柏島まで車で約3時間
●高知駅から宿毛駅までJR土讃線／土佐くろしお鉄道で約2時間〜、宿毛駅から柏島へは車で約35分

宿毛駅から柏島へは、路線バスが1日2便程度なので注意。道の駅 大月にある観光協会では自転車の貸し出しを行っている。

● いつ行きますか?

透明度のあがる9〜10月がおすすめ

体験ダイビングやシュノーケリングは5月〜10月半ばまで楽しめる。遊歩道の散策やグラスボート、大堂海岸アドベンチャークルーズなどは、気候も良く透明度のあがる9〜10月がオススメ。

● 絶景をめぐるおすすめプラン

高知県西部、柏島〜足摺岬〜四万十川を周遊する

1日目

午前＊レンタカーや車で柏島に向かう
高知空港からの場合、レンタカーで3時間ほどのドライブ。
午後＊柏島周辺のスポットを見学
弁天島、お万の滝、大堂山展望台などの絶景ポイントを巡りながら柏島周辺の宿へ。

2日目

午前＊マリンアクティビティを満喫
ダイビングやシュノーケリング、SUPなどで柏島の海を楽しむ。
午後＊柏島から足摺岬を経由して中村周辺で宿泊
足摺海洋館「SATOUMI」や足摺岬を周遊して中村市内へ。

3日目

午前＊四万十川の名所巡り
四万十川沿いをドライブし、沈下橋などに立ち寄り。そのまま高知空港へ戻る。

おでかけ前に 最新情報!

大月町観光協会　☎0880-62-8133
🏠 高知県大月町弘見2610(道の駅 大月内)
柏島観光情報発信センター　☎090-5711-0735
🏠 高知県大月町柏島600

富山 ◆あまはらしかいがん

雨晴海岸

富山湾越しに雄大な立山連峰を望む

3000m級の立山連峰が迫る 世界でも稀有な絶景海岸

　岩礁が点在する白浜が広がり、海岸線には青松が生育する景勝地。奥州に向かう途中に源義経が雨宿りをしたという伝説が「雨晴」という名の由来。富山湾越しに立山連峰が望めるダイナミックな眺めと波間に見える女岩とのコントラストも風情がある。かつて高岡に越中国守として赴任した歌人、大伴家持もこの佳景を多くの歌に残しているほか、横山大観は『雨晴義経岩』を描いている。

▶おでかけ前に 最新情報!

雨晴駅観光案内所　☎0766-44-0659
🏠 富山県高岡市渋谷105-5（JR雨晴駅）

● いつ行きますか?

山々に雪が残る季節がいい

四季折々の景色が楽しめるが、立山連峰の山肌を雪が彩る冬～春先にかけてがおすすめ。けあらし（海水と大気の温度差によって発生する霧）は12～2月頃の、よく冷え込んだ早朝に見られることが多い。

高岡大仏 ●たかおかだいぶつ

高岡駅から徒歩10分の場所にある、奈良・鎌倉と並ぶ日本を代表する大仏のひとつ。鋳物の町・高岡の銅器製造技術の粋を集め造られた。

⇧奇岩が立ち並ぶ雨晴海岸は、
日本の渚百選にも選ばれている

お待ちしています！

雨晴海岸は、高岡育ちの私たちもおすすめのスポット。道の駅 雨晴では地元食材を使ったメニューも豊富で、食も景色も楽しめます！見どころたっぷりの高岡にぜひお越しください。

高岡万葉大使
高岡慧さん(左)
中井遥香さん(右)

● 絶景をめぐるおすすめプラン

見どころが多い雨晴周辺

1日目

午後＊高岡市内を観光してから雨晴海岸へ向かう

高岡駅に到着したら、市内観光を楽しむ。見どころは、街のシンボルでもある高岡大仏や高岡古城公園など。その後、氷見線で雨晴駅へ。義経岩まで海沿いを散策して岩穴から景色を眺めたり、写真撮影を楽しむ。

2日目

午前＊氷見で旬の魚介料理を満喫。
　　　冬ならブリがおすすめ

早朝、「けあらし」を見に海岸へ。宿に戻りチェックアウトして氷見へ移動。氷見海岸からは、蜃気楼が見られることもある。お昼は名物の魚介料理を満喫。おみやげに干物や水産加工品を購入。

午後＊伏木駅周辺を散策してから帰路へ

JR氷見線で高岡へ。伏木駅で途中下車し、2021年4月に23年におよぶ大修理を終えた雲龍山勝興寺などを見学。

◆ アクセス 雨晴海岸へ

● 高岡駅から雨晴駅までJR氷見線で約20分
● 雨晴駅から雨晴海岸まで徒歩で約5分

氷見線は1日18〜20本運行している。車の場合、能越自動車道(高岡砺波道路)・高岡北ICや北陸自動車道・小杉ICから、それぞれ15〜30分ほどでアクセスできる。

お泊まり情報 雨晴駅や隣の島尾駅周辺にホテルや民宿があるが数は多くない。氷見駅周辺にも温泉宿がある。

012 和歌の浦

和歌山　◆わかのうら

万葉の歌人たちが讃え、詠んだ絶景の地

⬆潮の満ちた和歌の浦の夕日。山部赤人も和歌の浦の潮の満ち引きの美しさを詠んだ（写真右の観海閣は2021年8月現在工事中）

◉干潮時の様子

万葉の頃より愛された 文化と芸術を育んだ情景の地

　和歌の浦とは和歌山市南西部、和歌浦湾に面した一帯のこと。干潟を中心に港町の雑賀崎や片男波海水浴場、熊野古道の藤白坂など、古来その美しさを柿本人麻呂や山部赤人などの歌人が詠んできた。和歌の浦には和歌の神様を祀る玉津島神社やご詠歌がある紀三井寺をはじめ、歌碑なども多くあり、和歌と縁深い場所だ。夏目漱石も和歌の浦に滞在し作品にも登場した。

　特に夕景が美しく、干潟の満潮時に夕日が落ちるさまや、雑賀崎の海に沈む夕日を眺めるのがおすすめ。2017年には「絶景の宝庫 和歌の浦」として日本遺産に認定された。

雑賀崎 ●さいかざき

和歌の浦の西に位置する岬。港町で、斜面に家々が立ち並ぶ様子がイタリアのアマルフィのようだと話題に。

紀三井寺 ●きみいでら

名草山の中腹に位置し、境内の231段の石段を上った先には、眺望抜群のカフェもある。夏目漱石『行人』にも登場し、桜の早咲きの場所としても有名。

▶おでかけ前に 最新情報!

和歌山市観光協会　☎073-433-8118
🏠和歌山県和歌山市一番丁3

◆アクセス 和歌の浦へ

●和歌山駅から和歌の浦まで和歌山バス新和歌浦行きで約30分
●和歌山南スマートICから和歌の浦まで車で約20分

バス停新和歌浦から和歌の浦の干潟まで徒歩20分。雑賀崎へは和歌山駅から和歌山バス雑賀崎行きで約30分、バス停雑賀崎遊園下車、徒歩15分。そのほか、2020年に漁船で和歌の浦の景勝地を周遊する「和歌浦観光遊覧船」も運航開始。所要約40分～1時間。目的と時間に合わせて利用したい。

不老橋 ●ふろうばし

嘉永4年(1851)に架けられたアーチ型の橋。徳川家康を祀る紀州東照宮の和歌祭の際、紀州徳川家や東照宮の人々が通るために造られた。和歌山市の指定文化財。

● 絶景をめぐる おすすめプラン

歴史と絶景、両方を満喫する

1日目

午前＊歴史スポットを訪ねる

玉津島神社と紀三井寺へ。玉津島神社は和歌の神様を祀っており歌人たちに愛されてきた場所。その後紀三井寺内のカフェで街を眺めながらひと休み。

午後＊遊覧船で夕日と和歌の浦の街並みを眺める

ランチは雑賀崎で作られる灰干しサンマや、わかしらすがおすすめ。夕方は和歌浦観光遊覧船の和歌浦湾周遊サンセットコースに乗船。景勝地と夕日のコラボレーションを堪能。その後、和歌の浦の宿に宿泊。

2日目

午前＊「日本のアマルフィ」の朝日を拝む

早朝、雑賀崎の港町に朝日が差し込む景色は見ておきたい。雑賀崎の灯台まで登ると紀伊水道が一望できる。その後は紀州東照宮や養翠園を散策。

午後＊和歌山城へ

和歌の浦から移動して和歌山城へ。天守内部の資料館や併設の庭園、茶室を訪れたあと帰路へ。

お待ちしています!

四季によっていろいろな一面を見せてくれる和歌の浦、お越しの際は、ぜひゆっくり散策してもらえれば、その魅力を充分に感じていただけると思います。

和歌の浦日本遺産活用推進協議会　石井さん

養翠園 ●ようすいえん
（はるとみ）

徳川治寶が造園した大名庭園。池に海水を取り込んでいるのが珍しく、初夏にはカキツバタやアジサイが咲く。

● いつ行きますか?

花も楽しむなら春〜初夏

和歌の浦自体は一年を通して楽しめる。紀三井寺の桜が3月下旬頃、養翠園の花々が5〜6月に見頃を迎えるので、花も見たいなら時期を合わせたい。

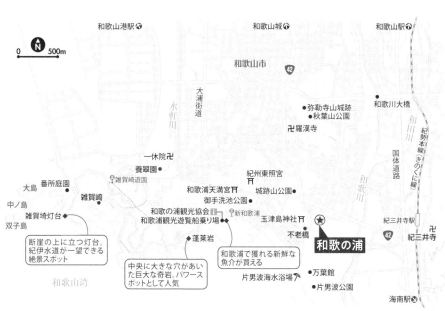

和歌山港駅　和歌山城　和歌山駅

和歌山市

0　500m

大浦街道

水軒川

弥勒寺山城跡
秋葉山公園
羅漢寺

和歌川大橋

紀勢本線（きのくに線）

国体道路

一休院

養翠園
雑賀崎遊園
番所庭園

大島
中ノ島
双子島
雑賀崎
雑賀崎灯台

紀州東照宮
和歌浦天満宮　城跡山公園
御手洗池公園
和歌の浦観光協会　新和歌浦
和歌浦観光遊覧船乗り場
玉津島神社
不老橋

★ 和歌の浦

紀三井寺駅
紀三井寺

断崖の上に立つ灯台。紀伊水道が一望できる絶景スポット

蓬莱岩

中央に大きな穴があいた巨大な奇岩。パワースポットとして人気

和歌浦で獲れる新鮮な魚介が買える

片男波海水浴場
万葉館
片男波公園

和歌山湾

海南駅

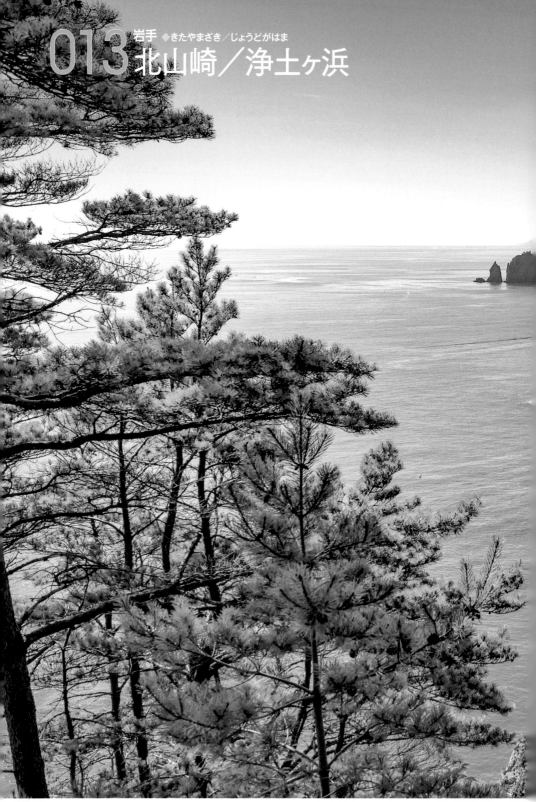

013 岩手 ◆きたやまざき／じょうどがはま
北山崎／浄土ヶ浜

三陸海岸に屹立する巨大な岩壁と美しい入り江

⬆お台場展望台から浄土ヶ浜を望む。戊辰戦争
時にここに砲台が置かれたという

三陸海岸北部を代表する 2つの絶景へ

　三陸復興国立公園には多くの景勝地が点在
する。田野畑村にある北山崎は、田野畑村弁
天崎から普代村黒崎まで、約8kmにわたり高
さ200mもの断崖が続く海岸線。切り立った
絶壁、崖下に散見する海食洞、巨大な奇岩な
ど、長い年月をかけて自然がつくり出した景
観は、あまりに壮大で息をのむほどだ。

　浄土ヶ浜は、鋭く尖った白い流紋岩に囲ま
れた波風穏やかな入り江。7～8月には多くの
海水浴客で賑わう。ナンブアカマツの緑、澄
んだ海の青が鮮やかに映え、その名のとおり、
現世とは思えないほどの明媚な景色が広がっ
ている。

浄土ヶ浜 ●じょうどがはま

穏やかな入り江側からの景色と対照的に、外海側からは
浸食された岩々の、動的で荒々しい景色が眺められる。

▶おでかけ前に 最新情報!

北山崎ビジターセンター（体験村・たのはたネットワーク）
☎0194-37-1211　🚉 岩手県田野畑村北山129-10
浄土ヶ浜ビジターセンター　☎0193-65-1690
🚉 岩手県宮古市日立浜町32-69

◆アクセス 北山崎／浄土ヶ浜へ

●盛岡駅から浄土ヶ浜まで車で約1時間40分
●浄土ヶ浜から北山崎まで車で約1時間20分

2つとも巡るなら車でのアクセスが便利。2021年全線開通の三陸沿
岸道路で、北山崎最寄りは田野畑北IC、浄土ヶ浜最寄りは宮古北
IC。久慈方面から北山崎へは普代ICを利用。
車以外の場合、盛岡駅から宮古駅へは急行・特急バス（1日9～12
本、特急で所要1時間35分）とJR山田線（1日4～5本、所要2時間
10～20分）が運行。そこから北山崎最寄りの田野畑駅までは、三陸
鉄道リアス線を利用する。浄土ヶ浜までは路線バスかタクシーを利用。

サッパ船アドベンチャーズ ●サッパせんアドベンチャーズ

漁に使われる小型船・サッパ船に乗って断崖や岬に近づく。
北山崎の迫力が間近で楽しめる約1時間のクルージング。案
内してくれる地元漁師とのふれあいも楽しい。

お待ちしています!

北山崎では6～7月に"ヤマセ"と呼ばれる霧が
発生することがあります。その際は北山崎ビジ
ターセンターのハイビジョンシアターで四季の北
山崎の景色をご覧いただけます。6～7月に園
地内散策路に咲くシロバナシャクナゲの花もお
すすめです。売店では地元の乳製品や昆布が人気です。
体験村・たのはたのみなさん

まめぶソフト

テレビドラマで有名になった久慈の郷土料理をアレンジ。濃厚なたのはた牛乳のソフトクリームに、まめぶ（クルミの入った団子）と黒砂糖、クルミをトッピング。北山崎レストハウスで食べられる。

● いつ行きますか?

移動しやすい暖かい季節に訪れたい

どちらも一年を通じて観光でき、大型連休や夏季などの休暇期間は観光客で混み合う。冬場は雪でアクセスに苦労することも。おすすめの時期は4〜11月で、特に景勝美を重視するなら、空気が澄んだ9月以降がベスト。

● 絶景をめぐるおすすめプラン

盛岡を起点に三陸の絶景を巡る

1日目

午後＊盛岡から宮古へ。浄土ヶ浜を見る

盛岡からは車で宮古方面へと向かう。宮古駅周辺でランチ。その後、浄土ヶ浜に向かい、浜を散策し美しい景色を楽しむ。この日は周辺のホテルに宿泊する。

2日目

午前＊北山崎へ向けて三陸沿岸道路を北上

三陸沿岸道路で、宮古から北山崎を目指す。道の駅 たのはたに寄るなら田野畑南ICから国道45号へ。

午後＊北山崎、龍泉洞を巡って盛岡に戻る

展望台からの眺望、サッパ船アドベンチャーズなどで北山崎を満喫したあとは、盛岡方面へと車を走らせる。途中、龍泉洞に立ち寄り、見学。鍾乳洞内を歩くので、動きやすい服装をして行くのがおすすめ。

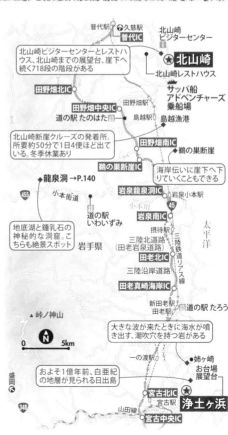

普代駅　↑久慈駅
普代IC

北山崎ビジターセンターとレストハウス、北山崎までの展望台、崖下へ続く718段の階段がある

北山崎ビジターセンター

★北山崎
北山崎レストハウス

サッパ船アドベンチャーズ乗船場

田野畑北IC

田野畑中央IC　田野畑駅
道の駅 たのはた　島越駅　島越漁港

北山崎断崖クルーズの発着所。所要約50分で1日4便ほど出ている。冬季休業あり

田野畑南IC
鵜の巣断崖

鵜の巣断崖IC

◆龍泉洞 →P.140

海岸伝いに崖下へ下りていくこともできる

455

岩泉龍泉洞IC　岩泉小本駅
小本街道　小本川　45

岩泉南IC
道の駅　いわいずみ

地底湖と鍾乳石の神秘的な洞窟。こちらも絶景スポット

岩手県

摂待駅
三陸北道路
（田老岩泉道路）

田老北IC

三陸鉄道リアス線

三陸沿岸道路

田老真崎海岸IC

太平洋

▲峠ノ神山

新田老駅
田老駅　道の駅 たろう

0　　5km
N

大きな波が来たときに海水が噴き出す、潮吹穴を持つ岩がある

一の渡駅

およそ1億年前、白亜紀の地層が見られる日出島

姉ヶ崎
お台場展望台

宮古北IC　浄土ヶ浜
宮古駅
盛岡

340
山田線

宮古中央IC

ゆったりとした時間が流れる
宮崎県最南端の岬

　現存する日本在来馬のひとつ、御崎馬（みさき）が
暮らしている風景が見られる岬。江戸時代
に高鍋藩が軍馬用の飼育のために放牧をし
たのが発端といわれ、現在は約110頭が生
息している。草原で馬が草を食んだり、群
れをなす風景は人々の心を和ませてくれる。
御崎馬は人間に馴れており人を怖がらずに
近づいてくるが、馬には不用意にエサを与
えないように注意。都井岬観光交流館パ
カラパカには野生馬ガイドが常駐しており、
都井岬の野生馬や植物について学べる人気
体験「野生馬ガイド体験」を行っている。

都井岬灯台 ●といみさきとうだい

宮崎県の最南端に位置する、九州で唯一内部参観できる灯台。
天気が良ければ種子島や屋久島まで見渡せる。

● 絶景をめぐるおすすめプラン

日南フェニックスロードを縦断

1日目

午前＊宮崎空港から
　　　日南フェニックスロードを南下
まずは亜熱帯植物に囲まれた青島神社へ。

午後＊海沿いの観光スポットを巡る
サンメッセ日南でランチ＆モアイ像を見学。さらに南下し、油津の商店街などを散策。日南海岸沿いのホテルに宿泊。

2日目

午前＊いよいよ都井岬へ
都井岬に到着。都井岬灯台で雄大な景色を望む。都井岬観光交流館 パカラパカへ。

午後＊トレッキングツアーに参加
御崎馬が見られるトレッキングの体験型プログラムに参加する。

お待ちしています！

都井岬は開放感あふれる自然観光地。ゆったりと流れる時間と自由に生きる馬たちや快晴時の美しい空と海の青さをぜひあなたの目でお確かめください。

野生馬ガイド
世良田 明子さん

● いつ行きますか？

子馬が生まれる時期は春

年間を通して楽しめる。5月中旬にはアジサイが開花する。出産シーズンの3〜8月、特に4〜5月は子馬が見られることも。

おでかけ前に 最新情報！

都井岬観光交流館 パカラパカ
📞0987-27-3477
📞090-4588-1133（野生馬ガイド）
🏠宮崎県串間市大納42-3

◆ アクセス 都井岬へ

● 宮崎空港から都井岬まで車で約2時間
車の場合は、宮崎空港から日南海岸沿いの日南フェニックスロード（国道220号、南郷で国道448号に接続）を南下すればよい（途中、通行止めによる迂回路あり）。沿道には南国の樹木が植えられ、ビーチムードが漂う。鉄道の場合は、串間駅から串間市コミュニティバスに乗車、都井岬まで約40分。バスは1日4〜5本運行している。

御輿来海岸

潮が引くと現れる、波と風がつくった砂のアート

弧を描くように広がる模様を 夕日が茜色に染める

　宇土半島の北側に位置し、網田周辺約5kmにわたって延びる穏やかな海岸。有明海は全国でもとりわけ満潮と干潮の差が激しいため、砂紋が幾重にも折り重なる干潟が出現し、遠浅の海岸では干潮時は見渡すかぎりに美しい波模様が見られる。薄暮にはパープルに、昼間はシルバーに、満月の夜にはゴールドに染まる干潟の絶景は、どの時間帯もそれぞれに美しいが、特に干潮時と日没が重なる日は、干潟に残った海水が茜色に染まり息をのむような光景が現れる。干潮と日の入りの時間は公式HPで確認できる。

⬆時間帯によってさまざまに表情を変える

お待ちしています!

繰り返す波の営みに呼応するかのようにゆったりと羽を広げる鳥たち。頬をなでる海風。すべてが相まって生まれる大自然の芸術をご堪能ください。

うとん行長しゃん

御輿来海岸の名の由来は、景行天皇があまりの美しさにここで御輿を停められたという言い伝えによる

おでかけ前に 最新情報!

宇土市経済部商工観光課 ☎0964-22-1111(総合受付)
🏠熊本県宇土市浦田町51

◆アクセス 御輿来海岸へ

●熊本駅から網田駅までJR鹿児島本線、三角線で約40分
網田駅から御輿来海岸までは徒歩15分。「干潟景勝の地」と呼ばれる撮影スポットまで駅から徒歩20分。車の場合は熊本の市街地から鹿児島街道(国道3号)、天草街道を走って約40分。

● いつ行きますか?

日没と干潮が重なる日を確認

通年見に行くことができるが、海岸が絶好の夕日に染まるときに行きたい。絶景と呼ばれるタイミングは、大潮の干潮時と日没が重なる日。年に数十日程度しかないが、年間を通して1~4月は比較的多い。宇土市観光物産協会のHPでは、干潟と日の入りの時間を紹介しているので、事前にチェックして行く日をあらかじめ絞って出かけたい。干潮時間の前後1時間が狙い目だ。

長部田海床路 ●ながべたかいしょうろ

海の中に電柱が立ち並ぶ光景は、満潮時に見られる。

宇土マリーナ ●うとマリーナ

マリンレジャーの基地で、食事も楽しめる。

● 絶景をめぐるおすすめプラン

熊本市内や玉名温泉も訪れたい

1日目
午前＊熊本駅に到着。日本三名城のひとつ熊本城へ
熊本城を見学。複合施設の城彩苑で、熊本の歴史を学ぶ。
午後＊御輿来海岸で日没のベストタイミングを待つ
鉄道で御輿来海岸へ。宇土マリーナでランチ後、海岸散策後は御輿来海岸の撮影スポットへ。夕日が海岸に沈んでいく幻想的な風景を堪能。夜は熊本市街地に戻って馬肉料理を楽しむ。

2日目
午前＊熊本市街地から足をのばして玉名温泉へ
鹿児島本線で北へ30分揺られて玉名へ。約1300年前に開湯した由緒ある玉名温泉を巡る。
午後＊昼は熊本ラーメンのルーツといわれる玉名ラーメン
湯上がり後は濃厚な豚骨スープの玉名ラーメンを食す。

016

和歌山 ◆はしぐいいわ／たわらかいがんのうみぎり

橋杭岩／田原海岸の海霧

日の出の輝きが彩る奇岩と霧、つかの間の幻想風景

⬆列をなすように、約850mにわたって大小40余りの岩柱がそそり立つ橋杭岩

⬆昼の橋杭岩。国の天然記念物に指定されている

紀伊半島の南に現れる 神秘的な2つの絶景

　紀伊半島の最南端、潮岬のほど近くに絶景自慢の海岸が2カ所ある。ひとつは紀伊大島に向かって約40の岩柱が850mほど続く橋杭岩。どの岩も海から屹立するように並び、あたかも橋の杭だけが残ったように見えることからこの名がある。

　もうひとつは田原海岸の海霧だ。12〜2月頃の寒い季節に、山間部の冷えた空気が田原川に沿って下流へと下って海に流れ込み、やがて海水温との差で濃い霧が発生するという。海面にたなびく霧の背後に昇る太陽、霧に浮かぶ岩や釣り船のシルエットがえもいわれぬ美しさだ。

▶ おでかけ前に 最新情報!

南紀串本観光協会　📞0735-62-3171
🏠 和歌山県串本町串本33(串本駅)

◆アクセス 橋杭岩／田原海岸へ

●新大阪駅から串本駅までJR紀勢本線特急くろしおで約3時間30分
●名古屋駅から紀伊勝浦駅までJR紀勢本線特急ワイドビュー南紀で約4時間。JR紀勢本線に乗り換えてきのくに線で紀伊田原駅まで約25分

橋杭岩へは串本駅から串本町コミュニティバスで約3分。徒歩なら約25分。紀伊田原駅から田原海岸までは徒歩で約10分。車の場合、大阪方面からはすさみ南ICから橋杭岩まで約30分。名古屋方面からは熊野新鹿ICから田原海岸まで約1時間15分。橋杭岩、田原海岸間へは車で約15分。

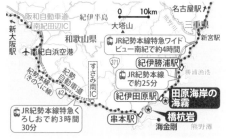

田原海岸の海霧 ●たわらかいがんのうみぎり

夜明けとともに空や海の色が刻々と変化する朝焼けの風景は、年に数回しか見られない絶景だ。

潮岬 ●しおのみさき

太平洋へと突き出した本州最南端の岬。約10万㎡におよぶ望楼の芝が広がり、岬の突端には潮岬灯台が立つ。

海金剛 ●うみこんごう

断崖絶壁が続く紀伊大島のなかでもひときわ大きな断崖、巨岩が集まる景勝地。先端が鋭いピラミッド形の岩もある。

お待ちしています！

橋杭岩の日の出は時間とともに刻々と変わる景色に圧倒されます。一方、海霧は残念ながら常に見られる絶景ではありません。時期としては12月中旬～2月中旬。気象条件として、冬型が強まった雨の日の翌日が最高の条件とされます。

南串本観光協会 古座 吉田さん

● 絶景をめぐる おすすめプラン

海霧の観賞に合わせた日程

[1日目]

午後＊最初に橋杭岩へ。夕日を望む潮岬も必見

紀伊勝浦駅で海鮮丼をいただく。熊野灘を車窓から眺めつつ昼過ぎに橋杭岩に到着。バスやタクシーを利用して海金剛や潮岬を見学。潮岬では落日を観賞。紀伊田原駅近辺の宿に宿泊。

[2日目]

午前＊田原海岸で移ろいゆく海霧の変化に感動

早朝に田原海岸へ行き、海霧を時間をかけて観賞する。宿を出たら紀伊田原駅へ向かう。

午後＊午後は日帰り温泉浴で疲れを癒やす

紀伊勝浦駅で下車。海の見える温泉宿で日帰り温泉にゆっくり浸かり、南紀の海に別れを告げる。

勝浦のマグロ ●かつうらのマグロ

那智勝浦はマグロの水揚げ高日本一を誇り、紀伊勝浦駅周辺にはマグロ料理を出す店が集まる。

● いつ行きますか？

海霧も晴天率も高い12～2月

両スポットとも冬は晴れる率が高く、朝焼けの美しい空や海が見られる。放射冷却で冷え込む12～2月の早朝は田原海岸の海霧が見られる確率が高い。橋杭岩は季節を問わないが冬至の頃の太陽は紀伊大島越しに昇るので水平線からの日の出は見られない。

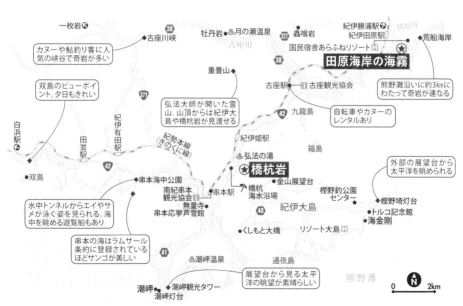

一枚岩
古座川峡
カヌーや鮎釣り客に人気の峡谷で奇岩が多い
牡丹岩 月の瀬温泉
蟲喰岩
紀伊勝浦駅
紀伊田原駅
国民宿舎あらふねリゾート
荒船海岸
田原海岸の海霧
重畳山
古座駅 古座観光協会
熊野灘沿いに約3kmにわたって奇岩が連なる
双島のビューポイント。夕日もきれい
弘法大師が開いた霊山。山頂からは紀伊大島や橋杭岩が見渡せる
九龍島
自転車やカヌーのレンタルあり
白浜駅
紀伊有田駅
紀勢本線（きのくに線）
紀伊姫駅
箱島
弘法の湯
★**橋杭岩**
外部の展望台から太平洋を眺められる
田並駅
金山展望台
橋杭海水浴場
樫野釣公園センター
樫野埼灯台
双島
串本海中公園
南紀串本観光協会
無量寺
串本応挙芦雪館
串本駅
紀伊大島
トルコ記念館
海金剛
水中トンネルからエイやサメが泳ぐ姿を見られる。海中を眺める遊覧船もあり
くしもと大橋
リゾート大島
串本の海はラムサール条約に登録されているほどサンゴが美しい
潮岬温泉
通夜島
熊野灘
展望台から見る太平洋の眺望が素晴らしい
潮岬
潮岬観光タワー
潮岬灯台

0 2km N

017

香川　◆ちちぶがはま

父母ヶ浜

夕陽とともに自然がつくりだす、寸刻の美景

干潮と日の入り、無風が重なる時刻が
ベストショットのタイミング

日本のウユニ塩湖と呼ばれる絶景
カメラを持って出かける海の夕陽

　約1kmにおよぶ美しいロングビーチで知られる海水浴場。観光協会主催のフォトコンテストで入賞した写真が話題を呼び、絶景写真撮影スポットとして一躍注目を浴びるようになった。干潮時の潮だまりを利用して写真撮影すると、遠く南米ボリビアのウユニ塩湖のような、天空の鏡の絶景が現れる。「日本の夕陽百選」にも選ばれた夕暮れどきの美しい風景を目で見て楽しんだら、写真に撮って別のアングルからも撮影を。穏やかなビーチが、一日を通して異なる表情を見せ、いつまでも飽きさせない。

⬆高台から望む干潮時の父母ヶ浜

> **お待ちしています！**
> 父母ヶ浜は、長年、地元の人々が清掃活動をして守り続けたあたたかい海岸です。みなさまとのふれあいを楽しみにしています。
> 三豊市観光交流局　栗井さん

おでかけ前に 最新情報！

三豊市観光交流局　☎0875-56-5880
香川県三豊市詫間町松崎1642-2

◆アクセス 父母ヶ浜へ

●三豊鳥坂ICから父母ヶ浜まで車で約20分
●詫間駅から父母ヶ浜までコミュニティバスで約20分

車でのアクセスが便利。主要JR駅や空港からの直行シャトルバスも運行している。JR予讃線の詫間駅からのコミュニティバスは本数が少ないうえ、日曜、祝日は運休なので事前に確認を。

いつ行きますか？

無風でシャッターチャンスが多いのは春と秋

無風の干潮と日の入り時刻が重なる時間が天空の鏡の撮影に適したタイミングで、風のない春と秋が狙い目。事前に三豊市観光交流局HP「父母ヶ浜絶景の見頃カレンダー」でチェックしておきたい。

高屋神社　●たかやじんじゃ

天空の鳥居から市内と海を一望。本宮は稲積山の山頂に。

紫雲出山　●しうでやま

浦島太郎の伝説の地でもある山は桜とあじさいの名所。

絶景をめぐるおすすめプラン

カメラ片手にフォトジェニックなスポット巡り

1日目
午前＊標高404mの山頂からまずは眺望を楽しむ
稲積さんと親しまれる高屋神社の鳥居と展望を楽しんだら、270段の石段を上り本宮を参拝。街と海を一望。
午後＊讃岐うどんでランチのあとは夕暮れのビーチへ
午後は父母ヶ浜を目指す。潮だまりがあれば昼間も撮影のチャンス、夕暮れまでのんびり。三豊市内に宿泊。

2日目
午前＊玉手箱の煙が紫雲となってたなびいた山へ
標高352mの紫雲出山へ向かい、山頂から瀬戸内海を一望。絶景を満喫したら、丸鶏やうどんの地元グルメでランチ。

018 静岡

浜岡砂丘
◆はまおかさきゅう

遠州灘沿いの東西30kmに広がる南遠大砂丘の一部にあたる。天竜川により流された土砂が風で内陸に運ばれ形成された。砂丘には御前崎風力発電所の風車がずらりと並び、独特の景観が広がる。砂丘西側に整備された白砂公園には展望台があり、春の河津桜など季節の花も楽しめる。

◆おでかけ前に 最新情報!

☎0537-85-1135(御前崎市商工観光課) 🏠静岡県御前崎市池新田9124 🚗東名高速道路・菊川ICから約17km 🕐休料周辺自由

夕焼けの海岸に
ずらりと風車が並ぶ

⤴南西に向いた浜岡砂丘は夕日の名所でもある

時の流れとともに変わる砂丘の表情

---

019 鳥取

鳥取砂丘 ◆とっとりさきゅう

鳥取県東部の日本海沿い、千代川によって中国山地から運ばれた砂が集まり、起伏の大きな砂丘が形成されている。適度な風や砂の乾燥など限られた条件の時のみ現れる風紋のほか、砂柱や砂簾といった天候によってのみ現れる模様もあり、訪れるたび違う姿に出会える。

◆おでかけ前に 最新情報!

☎0857-22-0021(山陰海岸国立公園鳥取砂丘ビジターセンター9:00〜17:00) 🏠鳥取県鳥取市福部町湯山2164-971 🚗JR鳥取駅から日交バス／日の丸バス砂丘線などで約20分、鳥取砂丘(砂丘会館)下車すぐ 🕐休料周辺自由

日本を代表する砂の観光地に
自然のダイナミクスを実感する

冬、雪の積もった日には一面の銀世界が広がる

© K.P.V.B

⬆吹上浜海浜公園では毎年5月には砂像を展示する「吹上浜砂の祭典」が開催される（2021年は市中の南さつま市役所周辺が会場となった）

➡日置市の江口浜海浜公園。夏以外でも散策で訪れる人は多い

020 鹿児島
吹上浜 ◆ふきあげはま

　東シナ海に面した薩摩半島西岸に、南北約47kmの長大な弧を描いて美しい白砂の砂浜が続く。周辺のシラス台地は浸食されやすく、大規模な砂丘が形成された。南部の吹上浜海浜公園などにキャンプ場もあり、一帯はレジャースポットとなっている。

◆おでかけ前に 最新情報!
☎0996-32-5256（いちき串木野市総合観光案内所）、099-248-7380（日置市観光協会）、0993-53-3751（南さつま市観光協会）　🏠鹿児島県いちき串木野市、日置市、南さつま市　🚗指宿スカイライン・谷山ICから吹上浜海浜公園まで約28km　🕐🈑🈯周辺自由、公園など施設は別途確認

美しい白砂のビーチで
さまざまにレジャーに興じる

大きな砂場と思ったら大間違い。特定の気候の時のみ現れる砂紋や、季節によって変わる表情のスケールは巨大な砂丘ならではのもの。

鳥取砂丘　内灘砂丘　浜岡砂丘　吹上浜

021 石川
内灘砂丘 ◆うちなださきゅう

　金沢から車で20分ほど、内灘町を中心に南北約10kmにわたって広がる。内灘海岸は「恋人の聖地」として認定されており、日本海に沈む美しい夕日を眺めることができる。例年5月には、3万人近くの全国各地の凧愛好家が集まる「世界の凧の祭典」が開催される。

◆おでかけ前に 最新情報!
☎076-286-6708（内灘町地域産業振興課）　🏠石川県内灘町千鳥台4-153地先　🚗北鉄・内灘駅から徒歩20分　🕐🈑🈯周辺自由

➡環境省の「快水浴場百選」にも選ばれている良ビーチ

ラクダに乗っての遊覧や砂丘ならではのアクティビティも楽しめる

美しい風紋が見たいならば、足跡のない早朝がおすすめ

広大な砂浜から
遮るもののない夕日を見つめる

こんな絶景にも注目！ 時の流れとともに変わる砂丘の表情

沖縄 ◆いしがきじま

022 石垣島

エメラルドグリーンが眩しい南海の楽園

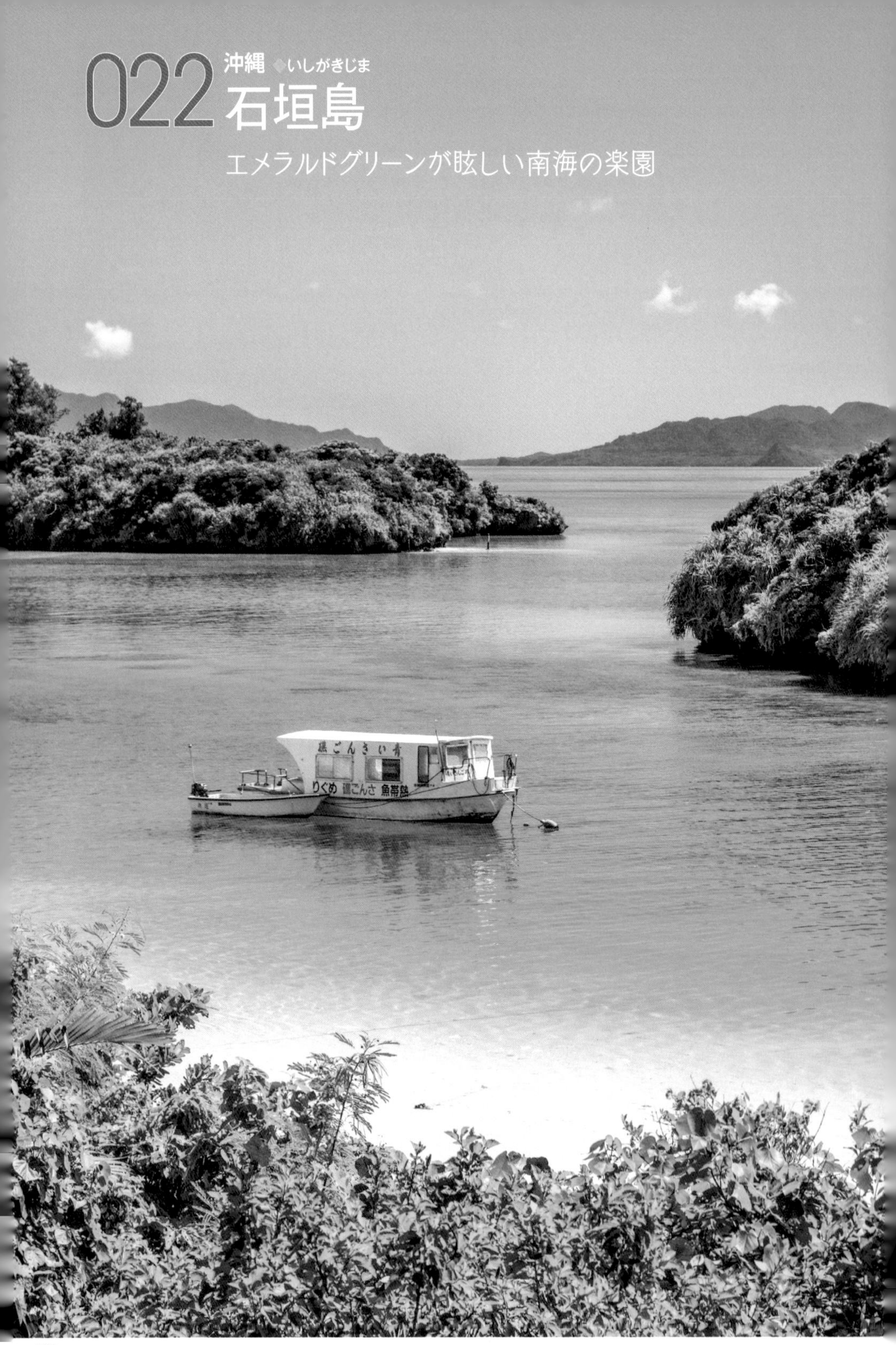

⬆沖縄を代表する景勝地である川平湾（かびらわん）。エメラルドグリーンの海と白い砂浜のコントラストが美しい。流れが強く、遊泳は全面で禁止されている

⬆石垣島の西側に面しているため、夕暮れどきの
サンセットビューも魅力のひとつ

サンゴ礁に囲まれた美しい海
南国リゾートの魅力を満喫

　国内外問わず多くの人が訪れる石垣島。一年を通して過ごしやすい南国特有の温暖な気候と美しいサンゴの海、白い砂浜のビーチなど魅力が詰まった島だ。自然の豊かさ・美しさも格別で、神秘的な鍾乳洞にマングローブ林など、挙げればキリがない。国立の天文台がつくられるほど星空の美しい島としても知られており、天体観測も楽しめる。食も魅力的で、石垣牛や石垣島産パイナップルなどブランド食材が豊富に揃う。郷土料理が食べられる食堂や隠れ家レストランなど、質の高い食事処で石垣の味覚を堪能するのもいい。

おでかけ前に 最新情報！

石垣市観光交流協会　📞0980-82-2809
🏢 沖縄県石垣市浜崎町1-1-4 石垣市商工会館1F

◆アクセス 石垣島へ

●那覇空港から新石垣空港まで飛行機で約1時間
玄関口は新石垣空港。那覇・石垣間は複数のキャリアが運航し1日18便ほどと充実。羽田空港、関西国際空港、中部国際空港、夏季限定で福岡空港と、全国主要都市からも定期便が運航し、宮古島からも空路でアクセス可能。また、竹富島など八重山諸島への起点でもあり、石垣港離島ターミナルから各島へ高速船が運航。島内の移動はアップダウンがあるためレンタカーやレンタバイクが基本。バスの1日フリーパスや定期観光バスを利用してもよい。

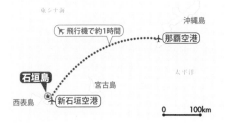

東シナ海

沖縄島

✈飛行機で約1時間 ⭢ 那覇空港

石垣島

宮古島　　　　　　太平洋

西表島　　⭢ 新石垣空港

0　　　　　100km

フサキビーチ

「石垣島 フサキビーチリゾートホテル＆ヴィラズ」に隣接した天然のロングビーチ。宿泊客でなくても利用可能。ビーチはサンゴ礁に囲まれており、遊泳区域でも熱帯魚を見ることができる。

平久保崎灯台 ●ひらくぼさきとうだい

石垣島の最北端に位置する灯台。眼前には海の景色が広がり、島をサンゴ礁に囲まれた様子を確認することができる。

米原海岸 ●よねはらかいがん

キャンプ場に面した、ヤシの木が生えた南国らしいビーチ。ダイビングやシュノーケリングスポットもある。

玉取崎 ●たまとりざき

石垣島屈指の景勝地であり、展望台から眺める海は格別。遊歩道には一年中ハイビスカスの花が咲いており、南国気分が味わえる。

お待ちしています！

年間の平均気温は24.3℃、湿度75％と高いです。黒潮の影響で、年間の気温差が少ないので過ごしやすく、冬でもダイビングを行うことができますよ。

八重山ビジターズビューロー

ミス八重山

サンゴ（左）高嶺彩海さん

南十字星（中央）名嘉亜加音さん

星の砂（右）杉本優美さん

● 絶景をめぐる おすすめプラン

南国の絶景を堪能する

1日目

午前＊石垣島に到着
午前便の飛行機で石垣島に到着。レンタカーを借りて、フサキビーチへ向かう。ランチには八重山そばを。

午後＊島内をドライブしよう
レンタカーで石垣島の北側にある川平湾、米原海岸、玉取崎、平久保崎などを巡り、景色を楽しむ。

2日目

午前＊おみやげを購入しよう
100店舗以上が軒を連ねるユーグレナモールで買い物。アーケードになっているので雨が降っても安心だ。

午後＊石垣島を出発
新石垣空港から帰路につく。もう1泊できる場合は離島へ足をのばすのもおすすめだ。

八重山そば ●やえやまそば

沖縄そばの一種。八重山かまぼこと細切りにした三枚肉のトッピングが特徴。

● いつ行きますか？

サマーシーズンは日差しに注意

一年を通して温暖な気候なので、冬でもマリンアクティビティを楽しむことができる。ただし5〜6月は梅雨、7〜10月には台風が来ることがあるので気象情報をチェックしておきたい。真夏に訪れる際には、特に日焼け対策を忘れずに。ハイビスカスをはじめとする南国の花は一年中美しい姿を見せてくれる。

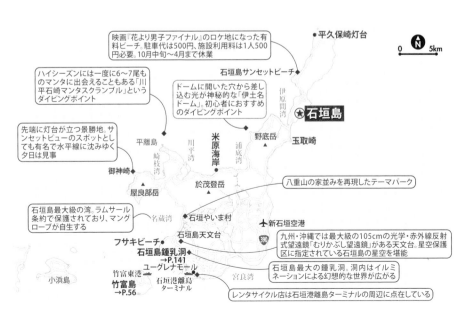

映画『花より男子ファイナル』のロケ地になった有料ビーチ。駐車代は500円、施設利用料は1人500円必要。10月中旬〜4月まで休業

● 平久保崎灯台

0　5km

ハイシーズンには一度に6〜7尾ものマンタに出会えることもある「川平石崎マンタスクランブル」というダイビングポイント

石垣島サンセットビーチ

ドームに開いた穴から差し込む光が神秘的な「伊土名ドーム」。初心者におすすめのダイビングポイント

★石垣島

伊原間湾

先端に灯台が立つ景勝地。サンセットビューのスポットとしても有名で水平線に沈みゆく夕日は見事

平離島

川平湾

米原海岸

野底岳

浦底湾

玉取崎

御神崎

崎枝湾

於茂登岳

八重山の家並みを再現したテーマパーク

屋良部岳

石垣島最大級の湾。ラムサール条約で保護されており、マングローブが自生する

名蔵湾

石垣やいま村

新石垣空港

390

九州・沖縄では最大級の105cmの光学・赤外線反射式望遠鏡「むりかぶし望遠鏡」がある天文台。星空保護区に指定されている石垣島の星空を堪能

フサキビーチ

石垣島天文台

石垣島鍾乳洞
→P.141
ユーグレナモール

竹富東港

竹富島
→P.56

石垣港離島ターミナル

石垣島最大の鍾乳洞。洞内はイルミネーションによる幻想的な世界が広まる

宮良湾

レンタサイクル店は石垣港離島ターミナルの周辺に点在している

小浜島

023 竹富島のコンドイ浜

コンドイブルーの浜辺から八重山の島々を望む

まぶしいほどの白砂と
透き通る青色に出会える場所

赤瓦屋根の家屋や石垣など、沖縄の原風景が残る竹富島の西部に位置するビーチ。沖縄のなかでも透明度の高さは群を抜く。潮の満ち引きや光の具合によって色が大きく変わり、澄み切ったブルーは、時間を忘れるほど眺めていられる。海は遠浅でほとんど波がなく、のんびりと海水浴を楽しむには最適。水遊びを楽しむ家族連れの姿も多く、4〜9月の間は、パラソルや浮輪などのレンタルと軽食の販売を行う売店も見られる。ビーチの周辺には、美しい夕日が望める西桟橋や、星砂が有名なカイジ浜もあるので立ち寄ってみたい。

ブーゲンビリアの道
◆ブーゲンビリアのみち

古民家の壁を覆う南国の花。鮮やかに彩られた白砂の道を、観光客を乗せた水牛車がゆっくりと進む。竹富島を象徴する光景だ。

◆ アクセス 竹富島のコンドイ浜へ

●石垣港離島ターミナルから竹富東港まで高速船で約10分。竹富東港からコンドイ浜まで巡回バスで約10分。島内移動はレンタサイクルが便利で、島の中央部に借りられる店が数軒ある。竹富島の風景をじっくり観賞するには水牛車がおすすめ。貸し自転車、水牛車ともに各店港からの送迎も実施。

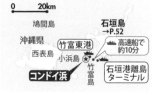

0 20km

鳩間島

石垣島
→P.52

沖縄県

竹富東港

高速船で
約10分

西表島

小浜島

コンドイ浜

竹富島

石垣港離島
ターミナル

お待ちしています！

日中は観光客が多い集落も早朝はとても静かで、島民が砂の道を掃き清める姿がなんとも心に残る風景になると思います。こんなにも神聖な朝を迎えられるのは竹富島ならではです。

竹富町観光宣伝部長
ピカリャ〜

干潮時には中州のような砂浜が沖に現れ、歩いて渡ることができる。西を向けば遠くに西表島や小浜島も見える

西桟橋 ●にしさんばし

島でいちばんのサンセットスポット。夕日を見に観光客が集まる。CMや観光ポスターに採用されるなど全国的にも有名な場所。

● おでかけ前に最新情報！

竹富町観光協会
☎0980-82-5445
竹富島ゆがふ館
☎0980-85-2488
所 沖縄県竹富町竹富

● いつ行きますか？

太陽と海が輝く夏に泳ぐ

海水浴には7〜9月がいちばんいい。ただし、同時に台風が多い時季なので、天候には注意が必要。台風が去ったあとも2〜3日は海が濁っていることが多い。5月下旬〜6月下旬の梅雨の時季は観光客が少なくツアーも安いので狙い目。

● 絶景をめぐるおすすめプラン

沖縄の自然を満喫する

1日目

午前＊コンドイ浜で海水浴
まずはコンドイ浜に向かう。遠浅の海で泳いだり、記念撮影をする。ただぼんやりするのもいい。

午後＊夕日スポット、西桟橋へ
昼食のあとは島内をサイクリング。カイジ浜、なごみの塔に立ち寄る。夕方は西桟橋を訪れたい。

2日目

午前＊サンゴが生息する海へ
竹富東港から出ているグラスボートに乗船。日本最大のサンゴ礁の海域・石西礁湖（せきせいしょうこ）やさまざまな熱帯魚を観察。

午後＊水牛車で島内を巡る
島を離れる前に、水牛車に乗ろう。時間をかけてまわってくれるので、島の名所や街並みを堪能できる。帰路の途中でも石垣島の観光が。

お泊まり情報　伝統建築を模した部屋に宿泊できるリゾートホテルが数軒あるほか、安価で泊まれるゲストハウスや民宿などがある。

沖縄 ◆ けらましょとう

慶良間諸島

大小20余りの島が浮かぶ、世界が恋するケラマブルーの海

写真左上の大きな島が座間味島。その下は嘉比島（がひじま）。右中央が安慶名敷島（あげなしくじま）

ダイビング

有名なダイビングスポットが多い沖縄のなかでも、慶良間諸島の海の美しさは群を抜く。数十ｍ先まで見渡せるほどの透明度により、太陽光が白い砂に反射し海中で輝く光景はこの海ならでは。

ケラマブルーに浮かぶ島々は緑あふれる動物たちのパラダイス

　沖縄本島から40kmほど西側に広がる群島で、渡嘉敷島、座間味島、阿嘉島、慶留間島を中心に約20の島々から構成されている。熱帯特有の木々に包まれた島々、陸地の沈降による独特の地形、多様なサンゴ礁が広がる青い海…、これらが一体となった景観美は国内でも指折りの美しさだ。動物相も豊かで、海を泳いで島を渡ることで知られる野生のケラマジカが生息するほか、ウミガメの産卵地やザトウクジラの繁殖地としても有名。こうした環境が評価され、2014年3月に慶良間諸島は国立公園に指定された。ダイビングやシュノーケリングなどでケラマブルーの海を楽しみたい。

おでかけ前に 最新情報！

座間味村観光協会 慶良間諸島 国立公園ビジターセンター
青のゆくる館　☎098-987-2277
所 沖縄県座間味村座間味95
渡嘉敷村観光協会　☎098-987-2332
所 沖縄県渡嘉敷村渡嘉敷346

◆アクセス 慶良間諸島へ

●那覇泊港から座間味港／阿嘉港まで高速船で約50分
●那覇泊港から渡嘉敷港まで高速船で約35分

那覇からは高速船のほかにフェリーも1日1便運航。座間味島へは阿嘉島経由で所要2時間。渡嘉敷島へは所要1時間10分。また、座間味島と阿嘉島の間は村内航路「みつしま」で結ばれ、一部が渡嘉敷島（阿波連港）まで運航している。

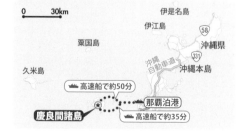

絶景をめぐる おすすめプラン

アクティビティでケラマブルーを堪能

1日目

午前＊那覇から渡嘉敷島へ
約35分の船旅を楽しみ、島に降り立てば、真っ青な海がお出迎え。新鮮な海産物をいただきお腹を満たそう。

午後＊体験ダイビング
ケラマブルーの海で体験ダイビング。カラフルな魚と一緒にどこまでも透明な海を泳ぐ。

2日目

午前＊渡嘉敷島から座間味島へ
渡嘉敷島と座間味島を結ぶケラマ航路の船に乗船する場合は事前の予約が必要なので要注意。約35分で到着。

午後＊ビーチでシュノーケリング
人気の古座間味ビーチはシュノーケリングに最適。カラフルな熱帯魚に出会える。思いっきり遊んだら、リゾートホテルで優雅なステイを。

3日目

午前＊シーカヤックで島巡り
阿真ビーチを出発し、無人島へ上陸。海を眺めてのランチ、浜辺でのんびりなど、思い思いの時間を過ごそう。

午後＊座間味島から那覇へ
午後もしくは夕方の定期船で那覇へ。便数は多くないので、事前に確認を。

ホエールウォッチング

毎年、冬から春先にかけて座間味島の近海に、ザトウクジラが繁殖のために訪れる。間近で群れをなして泳ぐ姿やジャンプする姿を見られることも。

古座間味ビーチ ●ふるざまみビーチ

座間味島随一の人気ビーチ。透明度の高い海と魚の豊富さからシュノーケリングに絶好のスポットに。

いつ行きますか？

季節ごとに楽しみがある

海で泳ぐなら4月下旬〜10月上旬がベストで、旅行者が多く賑わうのはゴールデンウィークやお盆の前後。7〜8月は日差しが強く、海の青さや緑の濃さが増し南国らしい景観が広がる。ホエールウォッチングは12月下旬〜4月上旬、海の透明度が高いのは11〜1月頃。

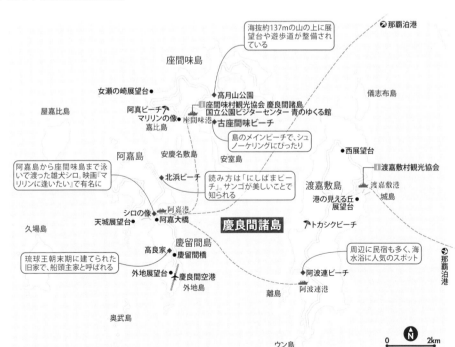

那覇泊港

座間味島

海抜約137mの山の上に展望台や遊歩道が整備されている

女瀬の崎展望台●

屋嘉比島

阿真ビーチ
マリリンの像
座間味港
嘉比島

高月山公園
座間味村観光協会 慶良間諸島
国立公園ビジターセンター 青のゆくる館
古座間味ビーチ

儀志布島

島のメインビーチで、シュノーケリングにぴったり

阿嘉島

安慶名敷島

安室島

西展望台

北浜ビーチ

読み方は「にしばまビーチ」。サンゴが美しいことで知られる

渡嘉敷島

渡嘉敷村観光協会

渡嘉敷港
城島

阿嘉島から座間味島まで泳いで渡った雄犬シロ。映画『マリリンに逢いたい』で有名に

シロの像
天城展望台●
阿嘉港
阿嘉大橋

慶留間島

久場島

高良家
慶留間橋

外地展望台●
慶間間空港
外地島

琉球王朝末期に建てられた旧家で、船頭主家と呼ばれる

離島

港の見える丘展望台

トカシクビーチ

周辺に民宿も多く、海水浴に人気のスポット

阿波連ビーチ
阿波連港

那覇泊港

奥武島

ウン島

慶良間諸島

0　　2km　N

025 鹿児島 ◆よろんとうのゆりがはま
与論島の百合ヶ浜

大潮の干潮時にのみ現れる百合ヶ浜は、与論島を代表する人気スポット。360度見渡す限り透き通った海が続く。

幻の砂浜はまさに地球の楽園
特別な時間をのんびり過ごす

与論島は周囲約24kmの小さな島。行政的には鹿児島県だが、沖縄本島の北の沖約23kmの場所にあり、文化、暮らしは琉球圏。沖縄グルメも満喫できる。

百合ヶ浜は大金久海岸から約1.5km沖に、春から秋にかけての大潮の干潮時にのみ出現する砂浜。形や大きさは、波や風の影響で出現するたびに異なる。与論島はサンゴ礁に囲まれているため、海は「ヨロンブルー」と讃えられる青色をしているが、そのなかに出現する砂浜の美しさは言葉にできないほど。浜の周辺ではシュノーケリングも楽しめる。

大金久海岸 ●おおがねくかいがん

与論島最大のビーチ。天気のよい日にはエメラルドグリーンの美しい光景が目の前に広がる。

干潮時にのみ出現する
白砂の幻ビーチ

おでかけ前に 最新情報！

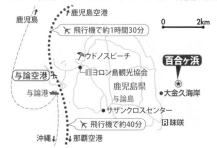

ヨロン島観光協会 ☎0997-97-5151
🏠鹿児島県与論町茶花33

◆アクセス 与論島の百合ヶ浜へ

●鹿児島空港から与論空港まで飛行機で約1時間30分
●那覇空港から与論空港まで飛行機で約40分
那覇や鹿児島からフェリーも就航。島内では路線バス（1日10便）やタクシー（2社）のほか、レンタカーやレンタサイクルも利用できる。

鹿児島
→ 鹿児島空港
✈ 飛行機で約1時間30分
0　　　2km
ウドノスビーチ
与論空港
ヨロン島観光協会
百合ヶ浜
与論港
鹿児島県
与論島
★ 大金久海岸
サザンクロスセンター
🏠味咲
✈ 飛行機で約40分
沖縄 → 那覇空港

💭 いつ行きますか？

百合ヶ浜の出現予想日をチェック

百合ヶ浜の出現日（予想）は観光協会HPで確認できるが、天候や海況により予想と異なることもあるので注意。年間平均気温は22.9℃で、海で泳げるのは4〜10月頃。

味咲のかき氷 ●みさきのかきごおり

味咲という食事処にあるかき氷は、ふわふわな氷と独特なネーミングセンスで観光客をほっこりさせる。

ダイビング

与論島では島の北側と南側とで海中の風景が異なる。

お待ちしています！

大金久海岸では百合ヶ浜のほかにもSUPやカヌー、その他さまざまなマリンスポーツを楽しむことができます。海を知り尽くしたマリンガイドのおまかせコースで一日中海を満喫するのもよし！
ヨロンパナウル王国 王子
かりゆし君

💭 絶景をめぐるおすすめプラン

与論島内でのんびり滞在。島内のビーチを楽しむ

1日目
午後＊ドライブで島を探索
レンタカーで美しい海岸や展望スポットを巡る。宿では夕食時、地酒「島有泉」で与論献奉を体験。

2日目
午前＊グラスボートに乗って百合ヶ浜へ
グラスボートからはウミガメが見られることもある。百合ヶ浜に着いたら、水遊びや写真撮影を楽しむ。
午後＊世界有数の美しい海でダイビング
海中宮殿や沈船など、ダイビングスポットも満載。

3日目
午前＊お昼頃の飛行機で離島
レンタカーを返却し、飛行機で沖縄へ。

お泊まり情報　ホテルや民宿は、ウドノスビーチに近い茶花地区をはじめ島内に点在している。ギリシャ風リゾートホテルも人気。

026

北海道　びえい・しきさいのおか
美瑛・四季彩の丘
広大な丘一面が総天然色のパレットで彩られる

⬆四季彩の丘では春から秋に数十種類の草花が丘を埋め尽くす。美瑛でも標高の高い位置にあるため広けた眺望も魅力だ

↑キュートなアルパカたちが
暮らすアルパカ牧場

四季彩の丘、5月のチューリップ畑。
花畑の奥にはハートの木が立つ

四季折々の花や降り積もる雪
豊かな自然と人の営み

　美瑛町にはゆるやかにうねり、複雑に重な
り合うなだらかな丘陵地が広がる。四角い耕
地が色合いを変えて並ぶ景色はパッチワーク
に例えられる。そのなかで、ひときわ鮮やか
なパッチワークの一片が四季彩の丘。チュー
リップやルピナス、ひまわりなどの季節の花
が14haの園内に咲き誇り、色とりどりの絨
毯を紡ぎ出す。花畑の向こうには緑の丘が連
なり、十勝岳連峰のパノラマとともに絵にな
る風景を見せる。美瑛駅から観光列車に乗れ
ば、富良野のラベンダー畑へも1時間以内で
行ける。北の大地の豊かな恵みと季節の彩り、
そして開放感を心ゆくまで堪能したい。

ファーム富田 ●ファームとみた

ラベンダー観光の先駆け的存在。早春から秋まで、色鮮やかな
花が広大な園内を飾る。なかでも真夏の7月中旬頃はラベンダ
ーが花盛りだ。花グッズの並ぶショップやカフェも。

お待ちしています!

四季彩の丘は昼から15時くらいまでは混雑するので、午前中の来園がおすすめ。砂利道なので歩きやすい靴で来てください。花畑のほかに、フワモコの33頭のアルパカがいるアルパカ牧場も人気です。美瑛産生乳を使ったオリジナルソフトクリームや揚げたてコロッケもおいしいですよ。
四季彩の丘マスコットキャラクター　ロール君

おでかけ前に 最新情報!

四季の情報館(美瑛町観光協会)　☎0166-92-4378
🏠 北海道美瑛町本町1-2-14
四季彩の丘　☎0166-95-2758
🏠 北海道美瑛町新星第三　🕘 9:00〜17:00(11・3月は〜16:30、12〜2月は〜16:00) 6〜9月8:30〜18:00　🈳 無休　💴 500円(7〜9月のみ。各種のりもの等は別途有料)

富良野・美瑛ノロッコ号
●ふらの・びえいノロッコごう

大きな窓から花畑や丘の風景を満喫できる観光列車。夏秋限定で旭川と美瑛、富良野を結び、ファーム富田近くのラベンダー畑駅で臨時停車する。

● いつ行きますか?

春から夏へ異なる装い

6〜8月は花畑がピークを迎え、7月中はラベンダーが最盛期に。7月上旬から美瑛の丘ではジャガイモの花が咲きはじめ、7〜8月には小麦が収穫期となり麦稈(ばっかん)ロールが現れる。

◆アクセス 美瑛・四季彩の丘へ

◎旭川空港から美瑛駅までふらのバス快速ラベンダー号で約15分。美瑛駅からJR富良野線に乗り換えて美馬牛(びばうし)駅まで約7分
◎旭川空港から四季彩の丘まで車で約30分

美馬牛駅から四季彩の丘までは徒歩約25分。美瑛は駅でレンタサイクルを利用するか、空港からのレンタカー利用が便利だ。駐輪場所に困らない自転車は丘巡りにも活躍。坂が多いので電動自転車がおすすめ。美瑛駅、美馬牛駅周辺で借りられる。青い池や四季彩の丘など、人気のスポットを巡る「美遊バス」も夏〜秋にかけてのみ運行している。

日の出ラベンダー園
● ひのでラベンダーえん

市街に近い丘にある無料のラベンダー園。展望台から花畑と富良野盆地、十勝岳連峰を一望。見頃は7月中旬〜下旬。

絶景をめぐる おすすめプラン

花の丘をサイクリングで巡る

1日目

午前＊四季彩の丘で花を愛でる
旭川空港から車で、あるいは美馬牛駅からレンタサイクルで四季彩の丘へ。園内の鮮やかな花をゆっくり観賞し、併設するアルパカ牧場を見物。

午後＊開放的な尾根道を走る
四季彩の丘でのんびり過ごしたら、見晴らし抜群のパノラマロードをサイクリングやドライブで満喫。美瑛駅へ移動し、駅周辺で宿泊する。

2日目

午前＊テレビでおなじみの風景へ
自転車や車でパッチワークの路へ。野菜畑の広がる丘で、CMでおなじみの木などの見どころを巡る。疲れたらカフェに立ち寄って休もう。

午後＊ラベンダーの香りを楽しむ
富良野・美瑛ノロッコ号に乗りラベンダー畑駅で下車。ファーム富田で花盛りのラベンダー畑を眺め、ラベンダーソフトを味わう。富良野泊。

3日目

午前＊旭川でグルメや観光
旭川で市内の見どころや旭山動物園へ立ち寄り、塩ホルモンや旭川ラーメンなどを満喫。

パッチワークの路 ● パッチワークのみち

美瑛北西部の農地の広がる丘陵地に続く道。ケンとメリーの木、親子の木、マイルドセブンの丘などCMやポスターに登場したビューポイントが点在。

青い池 ● あおいいけ

美瑛の市街地から白金温泉へ向かう途中の森の中にある。真っ青な池に立ち枯れの木が何本もたたずむ風景は神秘的。11〜4月までライトアップされることも。

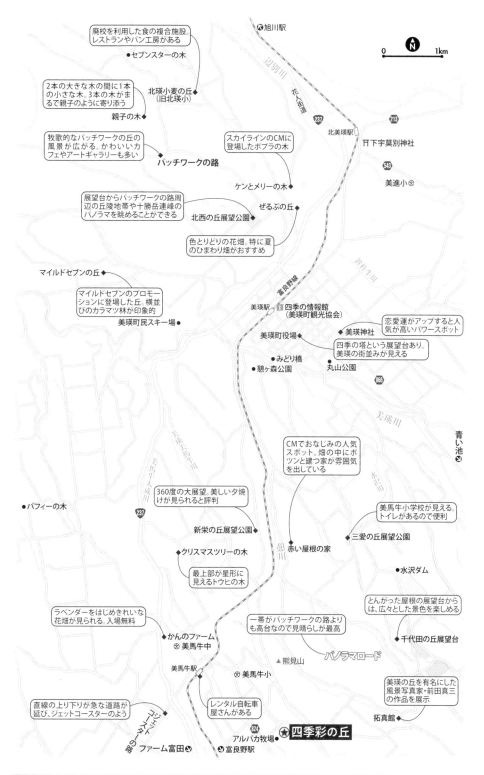

廃校を利用した食の複合施設。レストランやパン工房がある
● セブンスターの木

2本の大きな木の間に1本の小さな木。3本の木がまるで親子のように寄り添う
親子の木 ◆

◆旭川駅

0　　　1km
N

北瑛小麦の丘
（旧北瑛小）◆

国道237

北美瑛駅
国道213

下宇莫別神社

国道543

美進小 ⊗

牧歌的なパッチワークの丘の風景が広がる。かわいいカフェやアートギャラリーも多い
パッチワークの路 ◆

スカイラインのCMに登場したポプラの木

ケンとメリーの木 ◆

展望台からパッチワークの路周辺の丘陵地帯や十勝岳連峰のパノラマを眺めることができる
北西の丘展望公園 ◆

ぜるぶの丘 ◆

色とりどりの花畑。特に夏のひまわり畑がおすすめ

● マイルドセブンの丘 ◆

マイルドセブンのプロモーションに登場した丘。横並びのカラマツ林が印象的
美瑛町民スキー場 ●

富良野線

美瑛駅 ● 四季の情報館
（美瑛町観光協会）

美瑛町役場 ●

● みどり橋
● 憩ヶ森公園

● 美瑛神社
恋愛運がアップすると人気が高いパワースポット

四季の塔という展望台あり。美瑛の街並みが見える
丸山公園 ●

国道966

美瑛川

青い池 ⊗

● パフィーの木

国道237

360度の大展望。美しい夕焼けが見られると評判

新栄の丘展望公園 ◆

CMでおなじみの人気スポット。畑の中にポツンと建つ家が雰囲気を出している

美馬牛小学校が見える。トイレがあるので便利

三愛の丘展望公園 ◆

◆ クリスマスツリーの木

赤い屋根の家
● 水沢ダム

最上部が星形に見えるトウヒの木

とんがった屋根の展望台からは、広々とした景色を楽しめる

ラベンダーをはじめきれいな花畑が見られる。入場無料

◆ かんのファーム
⊗ 美馬牛中

一帯がパッチワークの路よりも高台なので見晴らしが最高

パノラマロード

千代田の丘展望台 ◆

美馬牛駅
⊗ 美馬牛小

▲ 熊見山

美瑛の丘を有名にした風景写真家・前田真三の作品を展示

直線の上り下りが急な道路が延び、ジェットコースターのよう

レンタル自転車屋さんがある

拓真館 ●

ファーム富田 ⊗

アルパカ牧場 ⊗
⊗ 富良野駅

国道924
★ 四季彩の丘

お泊まり情報　美瑛町中心部は多彩な宿が、丘陵地にはペンションが点在。白金温泉には温泉宿が数軒ある。

027
富山　あさひふなかわ「はるのしじゅうそう」
あさひ舟川「春の四重奏」
冠雪の北アルプスと花々が描く富山の春

▌雪を抱く北アルプスを背景に
▌色鮮やかな花たちが咲き誇る

　昭和32年(1957)の河川改修の際、地元の方々の手によって堤防の両岸1200mに約280本のソメイヨシノが植えられ、今もなお大切に維持管理されている。舟川べりには、地元農家の方が桜の開花に合わせて咲く極早生のチューリップの品種を選び、菜種油を採るため菜の花も植えたところ、残雪をたずさえた北アルプスを背景に、桜並木、チューリップ、鮮やかな菜の花の四重奏が揃う春爛漫の風景が見られるようになった。期間中の設定日にだけ焚かれるかがり火に照らされる幻想的な夜桜も必見。

舟川べり田んぼアート　●ふなかわべりたんぼアート

夏・秋の時期、毎年地元の方の手で描かれる田んぼアート。稲の生長とともに変化する様子を楽しみたい。

70

お待ちしています！

チューリップの球根を育てるために花を摘んで、桜の木の根元にまいています。美しい花びらの肥料のおかげで桜が大木に育ち、毎年見事な桜トンネルを楽しめます。

チュリストやまざき　山崎 修二さん

色とりどりの花が美しく咲き揃う奇跡の期間を楽しみたい

おでかけ前に最新情報！

朝日町観光協会
☎0765-83-2780
📠富山県朝日町平柳688

◆アクセス あさひ舟川「春の四重奏」へ

※泊駅からあさひ舟川まで無料シャトルバスで約15分

会場周辺の駐車場を利用できるのは平日のみなので、土・日曜は無料シャトルバスを利用。石動～東滑川各駅から泊駅までの往復運賃が1000円になるお得な「春の四重奏」きっぷもおすすめ。春のお花見期間中は北陸新幹線黒部宇奈月温泉駅から朝日町へ直行便「あさひまちエクスプレス」が運行。

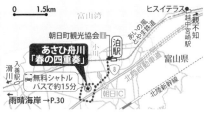

雨晴海岸→P.30

●いつ行きますか？

花々が旬を迎える4月が見頃

春はもちろん、夏・秋の田んぼアート、ホタル、ヒガンバナの真っ赤な絨毯、冬の光の桜並木など、一年を通して楽しめる。

●絶景をめぐるおすすめプラン

富山の絶景と名物・氷見牛を堪能

1日目

午前＊ひとあし先にお花見へ出発
混雑が予想されるあさひ舟川へは早い時間に訪れるのがおすすめ。混雑する前に絶景を満喫。
午後＊富山湾沿いをドライブ
高級ブランド「氷見牛」ランチを楽しみつつ、雨晴海岸へ。氷見市内のホテルに宿泊。

2日目

午前＊氷見漁港で鮮魚をいただく
ひみ番屋街でとれたての海の幸に舌鼓。旅のおみやげに干物など海産物を購入するのもよい。
午後＊夕焼けに染まるとなみ散居村へ
氷見から南下して車で約50分、平野に点々と散らばる集落が望める散居村展望広場へ。水を張った田んぼが夕日に照らされる姿が美しい。

お泊まり情報　氷見へ向かう途中に富山屈指の湯宿の街・宇奈月温泉が。豊かな自然に囲まれた山あいの温泉地には名宿が集中している。

028
広島 ● せらこうげん
世羅高原

中国地方を代表する
のどかで肥沃な花の都

　広島県の中東部に位置し、標高は350〜450m
と平野部よりやや高め。風車がシンボルの世羅
高原農場をはじめ、世羅町に点在する広大な農
園では、春から秋にかけて多種多様の花が咲き
誇る。広大な世羅高原農場ではチューリップや
ひまわり、秋はガーデンマムやダリアの花畑が
広がる。ほかにも高原一帯では3月下旬〜5月中
旬に芝桜とネモフィラ、4月下旬〜5月下旬に藤
の花、アジサイ、ユリ、バラといつ訪れても見
る者の心を潤してくれる。

　果物・野菜ともに多くの農園が広がる広島県
有数の農業地帯でもあり、梨やブドウなどのフ
ルーツ狩りも盛んに行われている。

香山ラベンダーの丘 ●こうざんラベンダーのおか

小さな花がかわいらしいアイスランドポピーは、4月中旬〜5月下
旬が見頃。初夏はラベンダー、秋にはコスモスが美しい。

季節ごとに表情を変える百花繚乱の花景色

↑世羅高原農場のチューリップの見頃は4月中旬〜5月中旬。約250種75万本が咲く

お待ちしています!

季節のお花を楽しんだり、町内各所にある産直市場でおいしい野菜や特産品の買い物などもオススメ!世羅を満喫できるよう、観光コンシェルジュがご案内しますので、道の駅 世羅にもぜひお立ち寄りください。

世羅町観光協会 松浦さん

◆アクセス 世羅高原へ

● 尾道ICから世羅ICまで車で約17分
● 広島ICから世羅ICまで車で約1時間10分

農園など各所をまわるなら世羅ICや世羅町内を拠点に車移動が便利。チューリップなどの開花期間中は、期間限定で広島バスセンター発の巡回バス「花めぐりバス」が運行予定。

おでかけ前に 最新情報!

世羅高原農場　☎0847-24-0014
🏠 広島県世羅町別迫1124-11
世羅町観光協会　☎0847-22-4400
🏠 広島県世羅町川尻2402-1
（道の駅 世羅）

●いつ行きますか?

さまざまな花咲き誇る春〜秋に

4〜10月、特に4〜5月、9〜10月はたくさんの花が開花する季節。メジャーな桜やアジサイ、ひまわり以外にも、ビオラ、ユリ、サルビアなどが見られる。事前に観光協会のHPなどで開花情報をチェックして行くとよい。冬場は積雪するのでスノータイヤ、チェーンは必須。

尾道 ●おのみち

古くから海上交通の要衝として栄えた港町。特に千光寺山から見渡す、海際のノスタルジックな街並みが人気。

●絶景をめぐるおすすめプラン

花畑とのどかな景色のなかを歩く

1日目

午前＊道の駅 世羅で新鮮な野菜や果物をゲット
まずは旅の起点世羅ICにほど近い道の駅 世羅へ。採れたて農産物を買うなら、午前中を狙いたい。充実したフードメニューでお腹を満たしておくのも手。

午後＊世羅高原で季節の花々を楽しむ
高原の広大な花景色を楽しみたい。世羅高原農場から車で15分の位置にせらワイナリーがあり、世羅産のワインを購入することもできる。宿泊は町内か、尾道市街地で。

2日目

午前＊瀬戸内海に面した尾道を観光
瀬戸内海のすぐ裏手に山が広がり、急斜面に古い家並みが広がる尾道は観光地として人気。ロープウェイの頂上からの眺めを楽しみ、海岸に沿って延びる商店街、石畳の街並みを散策。

029 吉野山の桜

山笑う。ピンクに染まる世界遺産に心弾む

中千本にある吉水神社からの眺め。豊臣秀吉は5000人を連れて、吉水神社を本陣として壮大な花見の宴を開いた

お待ちしています！

桜の国・日本を代表する桜の名所、吉野山は春に約3万本の桜が咲き、下・中・上・奥千本へと花季は移ろい、山全体がピンクに染まります。桜のあとは深緑、蝉しぐれ、桜もみじ、荘厳な冬景色と、四季折々の風景が楽しめます。自然以外にも、役行者ゆかりの修験道聖地、歴史・文学の足跡など、尽きない魅力があります。
吉野山観光協会のみなさん

一目千本。3万本200種もの桜から先人の思いと土地の歴史を知る

　紀伊山地の北端、吉野川周辺から大峯連山にかけて8kmほど続く尾根一帯が吉野山。山裾から山頂に向かい、下・中・上・奥千本の4エリアに分かれ、下千本から順に山桜のシロヤマザクラが開花する。

　世界遺産「紀伊山地の霊場と参詣道」の一部でもある吉野山の始まりは約1300年前。修験道の開祖・役行者が金峯山寺を開いた際、桜の木に金剛蔵王大権現の姿を刻み、祀ったとされる。桜は神木として大切に扱われ、その後、信者の献木が続いたことで一帯が桜で埋め尽くされることになった。西行が歌を詠み、豊臣秀吉が大規模な花見を行うなど、数々の歴史上の人物をも魅了した。

下千本 ●しもせんぼん

吉野駅から金峯山寺周辺までのエリア。ロープウェイでの空中散歩や、急カーブの続く七曲り（写真）がポイント。桜の見頃は3月下旬〜4月上旬。

中千本 ●なかせんぼん

金峯山寺周辺から竹林院周辺までのエリア。吉野山の中心部でもあり、食事処や旅館も多い。主なビュースポットは吉水神社や如意輪寺（写真）など。桜の見頃は4月上旬。

奥千本 ●おくせんぼん

吉野山の最奥部で、下千本との標高差は約500m。世界遺産の金峯神社、歌人・西行が隠棲した庵(写真)が見られる。桜の見頃は4月中旬〜下旬。

上千本 ●かみせんぼん
竹林院周辺から吉野水分神社周辺までのエリア。花矢倉展望台から金峯山寺方面を見晴らす風景(写真)が、最大の見どころ。桜の見頃は4月上旬〜中旬。

いつ行きますか?
**四季折々の風景とともに
吉野の年中行事も楽しみたい**

桜のシーズン中は混雑するので、行動はできるだけ早朝に。冷え込んだ朝や、雨上がりには、霧の中に浮かび上がる桜が見られることも。4月8日花まつり、4月11・12日花供会式などの行事も併せて見学したい。また、桜以外にも季節ごとに新緑、アジサイや紅葉、雪景色など、美しい景色が見られる。

絶景をめぐる おすすめプラン

**時間帯、場所で異なる魅力を持つ
吉野山の桜を目に焼きつけたい**

1日目
午前＊大阪から観光列車で吉野山の玄関口に向かう
大阪阿部野橋駅から近鉄の観光特急「青の交響曲(シンフォニー)」に乗車する。終点の吉野駅までは約1時間20分。
午後＊吉野駅のある下千本からお花見をスタート
ロープウェイに乗るか、七曲りを歩いて下千本の桜を観賞したら、中千本にある宿へ。夜はライトアップされた桜を見物して就寝。

2日目
午前＊早朝の吉野山を歩き、奥千本を目指す
宿周辺を散策後、竹林院からバスに乗って奥千本へ。西行庵や金峯神社を拝観したら、上千本方面へ山を下る。途中、上千本の花矢倉展望台から中・下千本の桜を見渡す。
午後＊お花見のお供に、吉野山伝統の味をいただく
お昼は柿の葉寿司や葛で作ったうどんといった郷土料理を。桜花漬、桜ようかんなどの名物をおみやげに買って、山を下りる。

◆アクセス 吉野山へ
◉大阪阿部野橋駅から吉野駅まで近鉄特急南大阪線／吉野線で約1時間20分
◉京都駅から橿原神宮前駅まで近鉄特急京都線／橿原線で約55分。橿原神宮前駅から吉野駅まで近鉄特急吉野線で約40分
マイカー規制や駐車場の数、渋滞を考えると公共交通機関を使って訪れたい。吉野駅から下千本にある吉野山駅まではロープウェイが運行。桜の時季は吉野駅〜中千本公園間、竹林院前〜奥千本間でバスが運行される。

おでかけ前に 最新情報!
吉野山観光協会
☎0746-32-1007※月・水・金曜(3月は祝日を除く月〜金曜、4月は第3週までの毎日)10:00〜16:00
🏠 奈良県吉野町吉野山2430

濠を桜の花びらが覆う、水面に浮かぶ花が筏に見えることから「花筏」と呼ばれる

冬は枝の雪をピンクにライトアップ
春も冬も美しい青森の名所

　弘前城がそびえる弘前公園は、桜の名所。4月下旬〜5月上旬にかけては「弘前さくらまつり」が開催され、しだれ桜や八重桜などさまざまな桜約2600本が見頃を迎える。弘前公園内には樹齢100年を超える桜が400本以上あり、なかでも二の丸にあるソメイヨシノは現存するものとしては日本最古級。公園を囲む外濠や内濠の両サイドに桜が立ち並び、濠の水面を花びらが埋め尽くす花筏の姿には息をのむ。さくらまつり期間は夜に桜のライトアップも実施し、幻想的な光景が見られる。

本丸 ●ほんまる

2021年現在、弘前城天守は石垣工事のため本丸中央部に移動中。天守から桜を見ることもできる。

2600本の桜が濠を埋め尽くす麗しい花筏

おでかけ前に 最新情報！

弘前市立観光館　☎0172-37-5501
🏠青森県弘前市下白銀町2-1

◆アクセス 弘前公園へ
● 弘前駅から弘前公園まで弘南バスで約15分
弘前駅から弘南バス土手町循環100円バスで約15分、市役所前下車、徒歩すぐ（追手門）。

● いつ行きますか？
弘前さくらまつり開催の春に行きたい

花筏を楽しみたいなら、さくらまつり開催期間の4月下旬〜5月上旬がベストだが、花の状況によるので現地に問い合わせを。冬のライトアップは外濠で12〜2月頃に開催。

お待ちしています！
弘前公園北側の外濠の花筏も人気があります。天気がよければ、花筏と津軽富士とも呼ばれる岩木山を一緒に撮影することができます。
弘前観光コンベンション協会　齋藤さん

冬のライトアップ ●ふゆのライトアップ
外濠の桜の木を12〜2月の夜にピンクにライトアップ。まるで冬に桜が咲いているかのように見える。

西濠 ●にしぼり
公園内で最も広い濠で、ボートに乗って桜を観賞することも可能。濠に架かった春陽橋からの眺めが美しい。

● 絶景をめぐるおすすめプラン
世界遺産の遺跡と花に親しむ

1日目
午前＊三内丸山遺跡へ
2021年に世界遺産に登録された三内丸山遺跡へ。縄文時代の住居の復元物や、さんまるミュージアムで出土品を見る。
午後＊小牧野遺跡へ
三内丸山遺跡と同じく世界遺産に登録された小牧野遺跡を訪ねる。その後、弘前市に移動し、宿泊。

2日目
午前＊弘前公園で花筏を撮影
混雑が予想されるので早めの時間帯に写真の撮影を。さくらまつり期間中は約200の出店が並ぶのでグルメも楽しみたい。
午後＊弘前城の天守を見学したあとは、洋館巡り
天守の内部に資料を展示しているので見学。弘前は旧弘前市立図書館など明治時代築の洋館も数多くあるため洋館巡りも楽しい。

お泊まり情報 宿泊施設は弘前駅周辺に多くあるので安心。早めの時間帯に行きたいなら弘前公園から徒歩圏内の宿も考えておこう。

北竜町ひまわりの里

町民が大切に育てるエネルギッシュな大輪の花

鮮やかに花開く無数のひまわりは訪れる人に元気を与えてくれる

　約23haの丘に約200万本のひまわりが咲き乱れ、作付けの規模は日本最大級を誇る花畑が広がる。昭和54年（1979）、研修のためにヨーロッパを訪れていた元農協職員が、同地で見たひまわり畑に感動し、栽培を始めたことがきっかけとなり、1989年にひまわりの里が造られた。「太陽の恵みと笑顔のマチ」を合言葉に、街全体がひまわりの魅力を伝えている。

　ひまわりは開花時期が短く、ベストシーズンは7月下旬～8月上旬。見頃になると多くの観光客が訪れる。ひまわり迷路やレンタサイクルなどが楽しめるほか、週末限定の催しもある。

お待ちしています！

毎年7月下旬～8月中旬にかけ、「ひまわりまつり」を開催しています。美しいひまわりにゆかりのご当地メニューも多く、ひまわりメロンやひまわりすいか、ひまわり油などの名産を味わってみてください！

北竜町役場産業課　吉田浩幸さん

燦燦ひまわり油
● さんさんひまわりあぶら

北竜町産のひまわりから搾油されたひまわり油。自然な味わいでサラサラとした仕上がり。ドレッシングや炒め物など多様な料理に活用できる。道の駅サンフラワー北竜などで提供。

ひまわりのなかでも背が高く大きな花弁が
特徴のハイブリッドサンフラワーが咲く

おでかけ前に 最新情報！

北竜町ひまわり観光協会 ☎0164-34-2111
🏠 北海道北竜町和11-1(北竜町役場内)

◆アクセス 北竜町ひまわりの里へ

◎旭川空港から北竜町ひまわりの里まで車で約1時間25分
公共交通機関を利用する場合、旭川電気軌道とJR函館本線で旭川空港から深川駅へ向かう。所要約1時間15分。深川駅からは、深川十字街バス停から路線バスに乗り約35分、北竜中学校バス停下車すぐ。

💬 いつ行きますか？

一面黄色に染まる8月上旬がおすすめ

6月下旬から蕾がつきはじめ、7月下旬から8月中旬に開花する。毎年7月下旬から8月中旬にかけて、ひまわりの里を舞台にひまわりまつりを開催。

● 絶景をめぐるおすすめプラン

満開のひまわりと動物に親しむ

1日目
午後＊広大な花畑に感動！満開のひまわりがお出迎え
道の駅 サンフラワー北竜で昼食休憩したあとは、ひまわりまつりのイベント会場へ。夕方までゆっくりと過ごせる。

2日目
午前＊ひまわり畑を再訪してアクティブに楽しむ
午前中にひまわり畑をもう一度散策。ひまわり迷路や遊覧車「ひまわり号」の乗車を楽しんだあと、北竜町を出発。旭山動物園までは車で約1時間20分。
午後＊北海道を代表する観光地、旭山動物園へ
北海道を代表する観光地。人気の「ほっきょくぐま館」や「あざらし館」などを満喫。旭川市街で、北海道ならではの食事も味わえる。

サイクリング

ひまわりまつり開催期間にはレンタサイクルが用意されている。黄色の自転車に乗ってひまわり畑を巡ることができる。

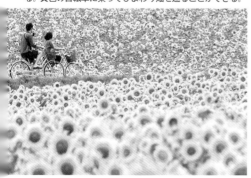

遊覧車 ●ゆうらんしゃ

ひまわりの里を巡る遊覧車「ひまわり号」。のどかな風景のなかをゆっくり移動できる。

ひまわり迷路 ●ひまわりめいろ

ひまわり畑の中を進む迷路が登場。ルートは上から見ると文字になっているのもお楽しみ。

032 埼玉
ひつじやまこうえんのしばざくら
羊山公園の芝桜
鮮やかなコントラストが映える春を彩る花絨毯

羊山丘陵の斜面に広がる芝桜の丘。色とりどりの芝桜が花のパッチワークを描きだす

芝桜の植栽面積は関東有数
花が描く躍動感ある光景が魅力

　秩父市の東側、武甲山の麓に位置する羊山公園。公園の一角「芝桜の丘」には約1万7600㎡の敷地に、10品種、40万株以上もの芝桜が植栽されている。開花時期には園内や公園周辺で芝桜まつりが開催され、隣接会場では秩父路の特産市が開かれる。街なかでも郷土芸能の公演など、さまざまなイベントが催され、市内は賑わいをみせる。芝桜のほか、4月上旬〜中旬が見頃の桜並木も美しい。

お待ちしています！

秩父盆地を中心とした自然豊かな地域です。特に芝桜は圧巻の美しさ！自慢の観光名所です。秩父市公式HP「秩父観光なび」では、芝桜の見頃時季に毎日開花状況をアップしています。訪れる際の参考にしてください。
秩父市役所観光課　山越翔太さん

おでかけ前に 最新情報！

秩父市役所観光課　☎0494-25-5209
所 埼玉県秩父市熊木町8-15

◆アクセス 羊山公園へ

●西武秩父駅から羊山公園まで徒歩約20分

池袋駅から西武秩父駅までは特急ちちぶ(Laview)で約1時間20分。横瀬駅、御花畑駅からもアクセスできる。長瀞や三峰など秩父を巡るなら西武鉄道が発売しているお得なきっぷもチェックしておきたい。車の場合、花園ICから羊山公園まで約45分。

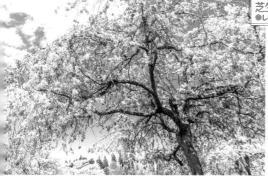

ふれあい牧場 ●ふれあいぼくじょう

のどかな雰囲気の牧羊地に羊が飼育されている。戦前、埼玉県の緬羊種畜場があり、羊山の名前の由来となっている。

芝生広場の桜
● しばふひろばのさくら

羊山公園中央にある芝生広場では、ソメイヨシノや紅しだれ桜、八重桜などが咲く。桜の見頃は4月上旬〜中旬。

● いつ行きますか?

芝桜は4月中旬〜5月上旬が見頃

開花のピークは年により異なるので、必ず開花状況を公式HPなどで確認しよう。芝桜の見頃期間中は芝桜の丘への入園が有料になる。芝桜より少し早い時季は桜も美しく、名所として知られる。イベントの開催スケジュールも最新情報をチェックしてから訪れたい。

● 絶景をめぐる おすすめプラン

秩父の自然と歴史を堪能

1日目

午前＊鮮やかな芝桜を満喫
芝桜の丘では、白、ピンク、淡い青など彩り豊かな芝桜を一望できる。

午後＊街なかを散策
秩父の総社・秩父神社を中心に発展した街を散策し、秩父の歴史を感じる。お昼は街で地元の名物を味わい、宿泊は市内のホテルへ。

2日目

午前＊秩父札所巡りへ出発!
西武秩父駅前から定峰峠行きのバスに乗り、バス停栃谷で下車。札所1番四萬部寺、札所2番真福寺、札所3番常泉寺を徒歩で巡る。

午後＊圧巻の石仏群を見学
石仏群が並ぶ札所4番金昌寺へ。昼食後、札所5番語歌堂に立ち寄り、帰りはバス停語歌橋から西武秩父駅行きに乗る。

お泊まり情報 西武秩父駅周辺のホテルや旅館が便利。町家をリノベーションしたおしゃれな宿もある。

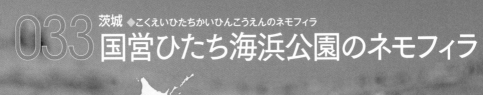

国営ひたち海浜公園のネモフィラ

約530万株の花が広大な丘を青く彩る幻想的な風景

　東京ドーム約46個分の広さを誇る国営ひたち海浜公園。四季折々の花が楽しめるが、特に人気なのは春に見られるネモフィラ。北アメリカ原産の可憐な花は、ひたちなか市内で標高が一番高い「みはらしの丘」を青く染め、春風とともに心を癒やしてくれる。見頃の時季には多くの人が訪れる人気のスポットだ。ネモフィラのほかにも、約500品種、約100万本が並んで咲く水仙や、色とりどりのチューリップなどが人気。

■おでかけ前に 最新情報！

国営ひたち海浜公園　☎029-265-9001
所茨城県ひたちなか市馬渡大沼605-4

◆アクセス 国営ひたち海浜公園へ

●勝田駅から海浜公園西口まで茨城交通バスで約15分

みはらしの丘へは西口からが近い。勝田駅からのバスは1時間に数本あり（時季により異なる）。阿字ヶ浦駅からは南口まで徒歩約25分。周辺観光には、車での移動もおすすめ。ひたち海浜公園ICから車で1分。

空の青と溶け合うような丘に広がる一面の瑠璃色

かわいらしい青い花に埋め尽くされたみはらしの丘。海岸や太平洋を眺めることもできる

コキア

丸々としたかわいらしい形が特徴。コキアは例年10月中旬頃に紅葉し、みはらしの丘を赤く染め上げる圧巻の景色を一望できる。

いつ行きますか？

例年4月中旬〜5月上旬が見頃

ネモフィラは例年4月中旬〜5月上旬が見頃。気候などにより前後することがあるので事前に公式HPで確認を。ほかにも水仙は3月下旬〜4月中旬、チューリップは4月中旬〜下旬、ポピーは5月中旬〜下旬など、四季を彩る多様な花が見られる。

お待ちしています！

国営ひたち海浜公園は一年中楽しめるのが魅力！ネモフィラなどの四季の花はもちろん、観覧車や広大な砂丘、太平洋を見渡すカフェにも足を運んでみてくださいね。
ひたちなか市観光振興課
大森翔さん

絶景をめぐる　おすすめプラン

花と海に魅せられて過ごす

1日目

午前＊ブルーの世界に包まれる
ネモフィラが咲くみはらしの丘は、西口・翼のゲートから徒歩約10分。幻想的な青一色の光景が目の前に広がる。
午後＊園内を自転車でまわる
レンタサイクルに乗ってさまざまな春の花を見てまわる。

2日目

午前＊海沿いの街を観光
アクアワールド茨城県大洗水族館は人気の名所。海の生き物に癒やされたい。
午後＊人気アウトレットで買い物
午後は大洗シーサイドステーションでショッピング。周辺のふ頭からは大洗観光遊覧船も出航している。

83

034 越前海岸の水仙

日本海を望む断崖に可憐に咲き誇る越前水仙

厳しい冬に耐えて凛と咲く様子が福井の県民性と一致することから、福井県の県花にも指定されている

雄々しい地形と可憐な花々が対照的な景勝地

　淡路島、房総半島と並ぶ日本水仙三大群生地で、その面積は日本最大の60〜70ha。生花としても人気の越前水仙は他の産地の水仙に比べ、花が引き締まり、草姿がよいのが特徴。越前岬水仙ランドから梨子ヶ平にかけて約6kmにわたり水仙畑が広がっており、海岸沿いの国道305号ではなく、一本山側に入った道を通るのがおすすめ。特に梨子ヶ平台地は斜面になっているため、日本海に沈む夕日と併せて楽しめる。もともと崖や奇岩などが並ぶ景勝地として有名な越前海岸だが、この時期だけの貴重な風景だ。

呼鳥門 ●こちょうもん

長い年月をかけて波や風が形成した洞穴で、越前海岸を代表する景観。かつては下を国道が通っていたが、現在は通行できない。

おでかけ前に 最新情報！

越前町観光連盟　☎0778-37-1234
🏠 福井県越前町厨71-335-1

◆アクセス 越前海岸へ

●鯖江ICから越前海岸まで車で約45分
遠方から訪れる場合は福井駅または小松空港まで向かい、レンタカーを借りるのがおすすめ。関西方面からは敦賀ICを出て約1時間。

● いつ行きますか？

見頃は12月中旬～1月中旬
例年11月下旬から咲き始め、12月中旬頃から見頃を迎える。見頃の時季には越前海岸水仙まつりが行われ、さまざまな催しが開催される（中止の場合あり）。越前町観光連盟のHPでは花の状況を詳しく案内しているので、チェックしておこう。

● 絶景をめぐるおすすめプラン

日本海が生み出す絶景と絶品グルメに感動

1日目
午後＊越前がにが味わえるグルメ宿へ
鯖江ICから越前海岸へ向かう。シーサイドドライブを満喫し、温泉宿へ。露天風呂から海に沈む夕日や満天の星を楽しんだら、夕食は越前がにのコースを堪能。

2日目
午前＊朝イチで水仙群生地へ向かう
梨子ヶ平園地や台地を散策しながら、雄大な日本海と水仙の景色を満喫。早めの時間が人が少なく、おすすめ。
午後＊景勝地を訪れたら、絶景露天でリフレッシュ
海がつくり出した不思議な形の呼鳥門を見学したら、道の駅 越前へ。ショッピングやグルメを楽しみ、絶景露天に浸かる。

越前がに
●えちぜんがに

福井の冬を代表する食材。高級ブランド食材としてよく知られており、全国唯一の皇室献上ガニでもある。この味を求めて県外から訪れる人も多い。

お待ちしています！

越前海岸沿いの山肌に可憐な花を咲かせる越前水仙。見頃を迎えると、あたり一面甘い香りが漂います。冬の味覚の王者「越前がに」もおいしい時期ですので、ぜひ景色とグルメを楽しみに、越前海岸へお越しください。
越前町観光連盟　駒 恵理子さん

越前温泉露天風呂 漁火
●えちぜんおんせんろてんぶろ いさりび

道の駅 越前にある日帰り温泉施設。雄大な日本海の絶景が楽しめる3種の露天風呂が人気。

035 横浜町の菜の花畑

幸福を意味する黄色の菜の花畑の中心で甘い香りに包まれる

新緑の季節、下北半島の陸奥湾に面した丘陵地には色鮮やかな菜の花畑が広がり、澄みきった青空と、大地を埋め尽くす黄色のコントラストが訪れる人々を魅了する。横浜町の菜の花は観光用ではなく、なたね油を生産するための農家所有の畑。国内でトップクラスの作付け面積を誇り、菜の花の開花がこの街に春の訪れを告げる。開花期間中は菜の花畑の中を歩ける「菜の花大迷路」（2021年は「なのはな小路」に変更）が設けられ、畑の中から菜の花の風景を堪能することができる。

菜の花畑の横をJR大湊線が通過する。野辺地駅～大湊駅間を結ぶローカル線

菜の花フェスティバル ●なのはなフェスティバル

毎年5月第3日曜には「菜の花フェスティバル」を開催。マラソン大会、ステージショー、特産品の無料配布などのイベントが行われる（2020年、2021年は中止）。

下北半島を黄色に染める、国内屈指の菜の花畑

広大な花畑が黄色一色に染まる。菜の花の甘い香りが漂い、思わず深呼吸をしてみたくなる

お待ちしています!

毎年菜の花が一面に広がるこの時期が楽しみなの♪青い空と黄色い菜の花をみるととっても幸せな気持ちになるの♪菜の花のそばを家族やペットとお散歩するのもいいと思う♪

横浜町マスコットキャラクター
ミツバチの妖精　なっちゃん

おでかけ前に最新情報!

横浜町役場
☎0175-78-2111
青森県横浜町寺下35

◆アクセス
横浜町の菜の花畑へ

◉野辺地駅から陸奥横浜駅までJR大湊線で約30分
大湊線の運行本数は1〜2時間に1本。陸奥横浜駅から菜の花畑まで車で約15分。駅前にタクシーはほぼいないので車が便利。陸奥横浜駅からの送迎バスは「菜の花フェスティバル」当日のみ。

● いつ行きますか?

菜の花の開花は5月

5月上旬から1カ月間が菜の花のシーズン。毎年、5月中旬頃に満開になり多くの人々が訪れる。特に、5月第3日曜の「菜の花フェスティバル」には混雑はピークに。ゆっくりイベントを満喫するには早めの時間帯に訪れたい。

● 絶景をめぐるおすすめプラン

期間限定の花シーズンを満喫

1日目

午前＊混雑を避けて午前中までに到着
陸奥横浜駅からタクシーで大豆田方面へ。
午後＊菜の花畑の景観や香りを満喫
黄色い展望台を目指し、菜の花畑の大迷路(2021年は「なのはな小路」)の中へ。展望台からは広大な菜の花畑や陸奥湾が見渡せる。道の駅よこはまでひと休み。

2日目

午前＊現代アートと縄文文化に親しむ
ユニークな企画で注目の青森県立美術館や、縄文体験できる世界遺産の三内丸山遺跡へ。
午後＊獲れたての魚介を味わう
帰り際に、青森駅前のFestival City Auga新鮮市場で新鮮な魚介を堪能しよう。

お泊まり情報　宿泊施設は、青森駅、八戸駅周辺が充実しているので、1日目の観光が終わったら移動をしよう。

036 山梨
わに塚のサクラ
◆わにづかのサクラ

富士山と夕日を背景にたたずむ
凛とした美しさ

　田園地帯の中にあるこんもりと盛り上がった「わに塚」にどっしりと立つ、推定樹齢330年のエドヒガンザクラ。周囲に遮るものがなく堂々とたたずむ一本桜の美しさが際立つ。晴れた日には桜越しの富士山や冠雪の八ヶ岳も見られる。見頃になると夜はライトアップが行われ、星空との共演など異なる姿を楽しめる。

◆おでかけ前に 最新情報!
韮崎市観光協会
📞0551-22-1991　所 山梨県韮崎市神山町北宮地624　交 中央自動車道・韮崎ICから約17km　時休料 見学自由

わに塚は日本武尊の王子の墓という説など諸説あり

凛として咲き誇る孤高の美・一本桜

根元には神様が眠る
扇子のように広がる桜

037 群馬
天王桜
◆てんのうざくら

　大きいことで知られるオオヤマザクラのなかでも巨樹の桜。高さ約13m、幅約18m、幹回りは6mにもなり、樹齢は300年以上とされる。根元には天王神様が祀られていることから命名された。群馬県の天然記念物。

◆おでかけ前に 最新情報!
片品村観光協会
📞0278-58-3222　所 群馬県片品村針山3　交 関越自動車道・沼田ICから約22km　時休料 見学自由

🕐満開時には日没から21時までライトアップ。水田に映る幻想的な姿の桜はひときわ美しい

周囲の自然との
コントラストも
見事な桜

晴れた日に富士山は南側に見える。朝焼けや夕暮れ、いつ訪れても日本の風景のお手本のような景色が広がる

038 奈良
又兵衛桜
◆またべえざくら

大坂夏の陣で活躍した戦国武将後藤又兵衛が、この地へ落ちのび僧侶となって一生を終えたという伝説が残る、宇陀市本郷の桜。後藤家の屋敷跡にあると伝わることから、地元では「又兵衛桜」と呼ばれ親しまれてきた。推定樹齢は約300年。

◆おでかけ前に 最新情報!
宇陀市商工観光課
📞0745-82-2457
🏠 奈良県宇陀市大宇陀本郷　🚃 近鉄・榛原駅から大宇陀行バスで16分、大宇陀高校前下車、徒歩15分　🈺🈳
💴 見学自由

戦国武将・後藤又兵衛の屋敷跡にたなびくしだれ桜

🔼桜の後ろに桃の花が咲き、周辺の花畑や自然とのコントラストが鮮やかで写真家に人気の撮影スポット。本郷の瀧桜とも呼ばれる

春の訪れを告げる桜は世界中から愛される美しい花木。桜並木とは違った魅力で人々を魅了する一本桜。その場所に植えられた背景に思いを馳せたい。

天王桜
又兵衛桜
三春滝桜
わに塚のサクラ

039 福島
三春滝桜
◆みはるたきざくら

大正11年(1922)10月12日に、桜の木としては初めて国の天然記念物に指定された名木。日本三大桜に数えられ、推定樹齢は1000年以上になる。しだれ桜が小さな花を無数に咲かせると、まるで滝のように見えることから「滝桜」と呼ばれるようになったともいわれている。

◆おでかけ前に 最新情報!
みはる観光協会
📞0247-62-3690　🏠 福島県三春町滝桜久保地内　🚗 磐越自動車道・船引三春ICから約8km　🕕 6:00～18:00　🈺 期間中無休
💴 観桜期間中300円

見頃の時季にはライトアップされることも

推定樹齢1000年を超える名木

生命の神秘に満たされた緑の世界を歩く

一面苔に覆われた幽玄の世界。アニメのモチーフになったといわれている

太鼓岩 ●たいこいわ

白谷雲水峡の最奥、標高1050mの太鼓岩からは屋久杉の森を
一望。4月上旬にはヤマザクラが森をピンクに彩り、幻想的。

お待ちしています！

白谷雲水峡は人里より5℃ほど気温が低いので夏で
も長袖は必携です。沢と苔がたいへん美しいところ
なので、沢で休息をとりな
がら、ゆっくり歩いてほしい
ですね。体力のある人は
ぜひ太鼓岩まで登ってくだ
さい。絶景に出会えますよ。
屋久島パーソナルエコツアー 代表　青木さん

多雨に恵まれた島を象徴する 苔むす森へトレッキング

1993年、日本で初めて世界自然遺産に登録された屋久島は、その9割を原生林の深い森に覆われている。標高によって亜寒帯から亜熱帯まで気候が異なるという類いまれなる自然環境にあり、国内の植物種の1900以上、固有種も約94種が生息している。

その屋久島の魅力が凝縮されているのが、清流・白谷川の上流に広がる白谷雲水峡だ。豊かな雨が育てた600種もの苔に覆い尽くされ、地表面や木の幹、岩など、あたりは見渡す限り緑一色。森の中には遊歩道が敷かれており、屋久杉の巨木や岩盤を流れるダイナミックな滝など、多様性に富んだ屋久島の森の魅力を全身で体感できる。

くぐり杉 ●くぐりすぎ

遊歩道の途中で出会うくぐり杉。空洞は大人が軽く入れる大きさだ。

辻の岩屋 ●つじのいわや

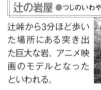

辻峠から3分ほど歩いた場所にある突き出た巨大な岩。アニメ映画のモデルとなったといわれる。

奉行杉 ●ぶぎょうすぎ

原生林歩道で出会える、周囲8.5m、白谷雲水峡地域最大の巨木。根の付近はびっしりと苔に覆われている。

💬それぞれに個性的な姿をした苔をルーペでのぞいていくのもおもしろい。写真は白谷雲水峡でよく見られるヒノキゴケ

- トレッキングの拠点。トイレあり。管理棟で協力金500円を支払う。マップ入手可能
- 推定樹齢3000年の屋久杉。白谷広場から徒歩約20分
- 数カ所の沢を渡る。増水時は要注意
- 原生林歩道と楠川歩道の分岐点
- 宿泊可能の山小屋（無人、収容人数約60名）。トイレあり
- まっすぐ伸びる立派な幹の途中から枝が7本に分かれている
- 険しい坂が続く
- 辻峠から急な山道を登っていく。白谷広場からここまで約2時間30分

宮之浦
白谷雲水峡
弥生杉
白谷広場
二代大杉
飛流落としの滝
さつき吊り橋
奉行杉コース
三本足杉
楠川歩道
三本槍杉
奉行杉
白谷雲水峡
くぐり杉
白谷小屋
七本杉
苔むす森
辻峠
辻の岩屋
縄文杉
太鼓岩

0 300m

周辺図 P.95

◆アクセス 屋久島の白谷雲水峡へ

●鹿児島空港から屋久島空港まで飛行機で約35分
●鹿児島本港南埠頭から宮之浦港まで高速船約2時間

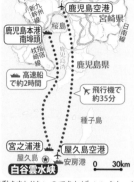

鹿児島から屋久島への飛行機は1日5便ほど、高速船は1日6便ほど運航している(時期により異なる)。屋久島の宮之浦港から白谷雲水峡へは、路線バスが1日7便出ており、所要は約30〜35分(GWおよび夏季は増便)。空港や港にはタクシーも待機している。自由に動きまわりたいのであれば、レンタカーが便利だ。

 いつ行きますか?

雨はつきものと考えて準備。台風や雪は注意

ベストシーズンは4月上旬〜7月上旬。多雨で知られる島だが、特によく降るのは6月で、次いで3〜5月、8〜9月は台風シーズン。それ以外でも、まず雨に降られると思っておいたほうがいい。むしろ少々の雨は、苔や木々がいきいきとしてくるので森の散策には好都合。11月を過ぎるとぐっと気温が下がり、冬はしばしば降雪をみる。

おでかけ前に 最新情報!

屋久島観光協会 宮之浦案内所 ☎0997-42-1019
鹿児島県屋久島町宮之浦823-1 屋久島環境文化村センター内
屋久島観光センター ☎0997-42-0091
鹿児島県屋久島町宮之浦799

⬆ヤクスギランド内にあるヘビのように波打つ蛇紋杉。1997年の台風で倒れた比較的新しい倒木だが、すでに次の世代の木々への更新が見てとれる

ヤクスギランド さまざまな姿をした巨木を目にすることができる。短いところでは30分からコースが設定されており、気軽にトレッキングが楽しめる。

縄文杉 ●じょうもんすぎ

島内最大、屋久島の代名詞でもある縄文杉には、片道5時間ほどのトレッキングの先で出会える。幹回り16.4mもあるという姿は存在感抜群。

⬆ウィルソン株は縄文杉トレッキングコースの人気スポット。中に入り見上げるとハート形が。株の中は10畳ほどの広さ

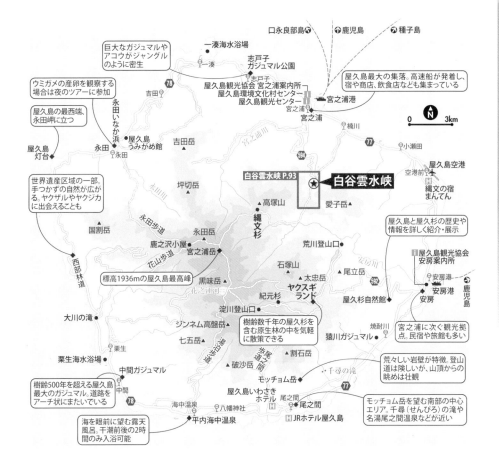

口永良部島　↗鹿児島　↗種子島

一湊海水浴場

巨大なガジュマルや
アコウがジャングル
のように密生

志戸子
ガジュマル公園

屋久島観光協会 宮之浦案内所
屋久島環境文化村センター
屋久島観光センター

屋久島最大の集落。高速船が発着し、
宿や商店、飲食店なども集まっている

ウミガメの産卵を観察する
場合は夜のツアーに参加

一湊

吉田

宮之浦港
宮之浦

N　0　3km

屋久島の最西端、
永田岬に立つ

永田いなか浜

吉田岳

楠川

小瀬田

屋久島うみがめ館

屋久島空港
空港前　屋久島空港

屋久島
灯台

永田

吉田岳

縄文の宿
まんてん

世界遺産区域の一部。
手つかずの自然が広が
る。ヤクザルやヤクジカ
に出会えることも

坪切岳

高塚山

縄文杉

愛子岳

白谷雲水峡 P.93　★　白谷雲水峡

屋久島と屋久杉の歴史や
情報を詳しく紹介・展示

国割岳

永田歩道

永田岳

荒川登山口

石塚山

屋久島観光協会
安房案内所

鹿之沢小屋

宮之浦岳

花山歩道

標高1936mの屋久島最高峰

黒味岳

太忠岳

尾立岳

安房港

安房

鹿児島

西部林道

淀川登山口

紀元杉

ヤクスギ
ランド

屋久杉自然館

宮之浦に次ぐ観光拠
点。民宿や旅館も多い

大川の滝

ジンネム高盤岳

焼酎川

猿川ガジュマル

栗生

七五岳

歩道

割石岳

千尋の滝

荒々しい岩壁が特徴。登山
道は険しいが、山頂からの
眺めは壮観

栗生海水浴場

中間ガジュマル

破沙岳

モッチョム岳

屋久島いわさき
ホテル

尾之間

尾之間

JRホテル屋久島

モッチョム岳を望む南部の中心
エリア。千尋(せんぴろ)の滝や
名湯尾之間温泉などが近い

樹齢500年を超える屋久島
最大のガジュマル。道路を
アーチ状にまたいでいる

中間

海中温泉

八幡神社

平内海中温泉

海を眼前に望む露天
風呂。干潮前後の2時
間のみ入浴可能

樹齢数千年の屋久杉を
含む原生林の中を気軽
に散策できる

絶景をめぐる おすすめプラン

原生林の森をゆっくりと散策

1日目

午前＊宮之浦港からホテルへ
ホテルにチェックインし、ランチタイム。
午後＊屋久杉の秘密を知る
ヤクスギランドで巨大杉をじっくり観賞。その
後、屋久杉自然館で島と屋久杉について
の知識を深める。

2日目

午前＊バスで白谷雲水峡へ
白谷広場からトレッキング開始。白谷小屋
で昼食。
午後＊モスグリーンの世界を堪能
七本杉を過ぎたあたりから、最大の絶景ポ
イントである苔むす森が一面に広がる。ここ
からさらに太鼓岩へ。

3日目

午前＊レンタカーで島を一周
海岸線を一周する県道をドライブ。永田い
なか浜や西部林道、千尋の滝などの名所
を巡る。おみやげを探し、帰路につく。

首折れサバ ●くびおれサバ

サバは傷みやすいため刺身で食べるの
は珍しいが、屋久島では釣り上げたば
かりのサバの首
を折り血抜きを
するため、鮮度
抜群。刺身でも
楽しめる。

トビウオ

「トッピー」などの呼び名でも親しま
れる屋久島名物。ヒレをつけたままの
姿揚げのほか、刺身やすり身を揚げた
つきあげなどでもいただく。

島焼酎 ●しまじょうちゅう

屋久島の水は不純物をほとんど含まな
い超軟水といわれる。まろやかな水を
使い造られた芋焼酎は、全国的にも人
気。2つの酒造が島内で製造している。

屋久島茶 ●やくしまちゃ

屋久島の気候は茶葉栽培
に適しており、周辺の土
壌に農薬が含まれていな
い離島ならではの無農薬
栽培も盛ん。日本ではい
ちばん早い4月頃に茶摘
みの季節を迎える。

お泊まり情報　フェリーが発着する宮之浦と安房に宿泊施設が集まっている。民宿や手ごろな旅館が多い。

奥入瀬渓流

岩の上で繰り広げられる小さな自然の壮大な物語

↓渓流沿いの倒木に生えているクサゴケ。
出かける前に苔の特徴を予習して、お気
に入りの苔を探しながら散策してみよう
写真提供:ESARIO

⬆3つの流れが合流することから名付けられた三乱の流れ。苔の観察にも最適の場所

渓流散策に欠けてはならない苔むした岩や倒木の観察

青森県と秋田県の境に位置する十和田湖の北東部・子ノ口から約14km離れた焼山地区までの渓流を指す。八甲田山の噴火による堆積物でできた土地が、約1万5000年前に起きた十和田湖の湖岸決壊による大洪水により、浸食されて形成された谷が奥入瀬渓流の始まりだ。

苔が織りなす美しい景観は岩だらけの谷の状態から再生したもの。勾配のゆるい流れと、ダムの役割を果たす十和田湖のおかげで渓流の水量は安定。増水で流されることがなく、苔が岩や倒木に定着したまま育つと、一帯が苔でできた苗床となり、新たな植物が生える。そして植物が育つ、枯れるという過程を繰り返し、土がつくられることで、岩や倒木上にも豊かな緑をつくる仕組みができた。渓流に自生する苔は約300種類。苔を愛するガイドさんから、その奥深い世界を教わりたい。

 タマゴケ

やわらかくて細長い葉と、風船のように丸くかわいい緑色の胞子体を持つ人気者。4月下旬に見頃を迎える。
写真提供ESARIO

ネズミノオゴケ

丸く小さな葉が密集して細長いひも状になっている姿が、ネズミの尾のように見えることからその名がついた。
写真提供ESARIO

コツボゴケ

雄株(写真)は茎先端の造精器が葉で囲まれ、花が咲いたような見た目。雌株は提灯の形をした胞子体が特徴。
写真提供ESARIO

お待ちしています！

奥入瀬渓流はまるで天然の苔庭！豊かに苔むした岩や倒木が独特な雰囲気を醸し出しています。苔を観賞しながら奥入瀬を知るガイドツアーも人気です！苔を少しだけ意識するだけで、奥入瀬の見方がガラリと変わりますよ。

FORESTON ツアーガイド
玉川えみ那さん

銚子大滝 ●ちょうしおおたき

高さ7m、幅20mで本流にかかる豪快な滝。十和田湖への魚の遡上を妨げることから、「魚止の滝」とも呼ばれている。木々の色と織りなす景観や冬の氷瀑が見どころ。

阿修羅の流れ ●あしゅらのながれ

奥入瀬渓流を代表する場所のひとつで、メディアでもよく取り上げられる。鬱蒼とした木々の下、苔むした岩の間を、しぶきがあがるほどに激しく水が流れる。

白糸の滝 ●しらいとのたき

渓流のなかでも落差の大きい滝で、高さは30mほど。その名のとおり、白い糸が幾重にも重なったような流れが印象的だ。

写真提供：十和田湖国立公園協会

蔦の七沼 ●つたのななぬま

ブナの原生林に囲まれた計7つの沼の総称。10月中旬～下旬、蔦沼では湖面に映る紅葉した木々が見られることも。

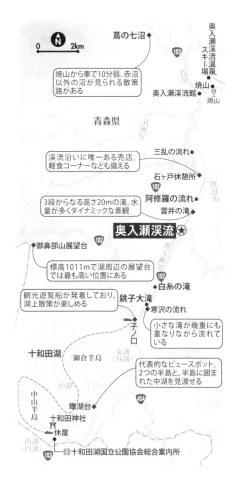

0 **N** 2km

蔦の七沼 ◆

奥入瀬渓流スキー場

焼山

奥入瀬渓流館

焼山から車で10分弱。赤沼以外の沼が見られる散策路がある

青森県

渓流沿いに唯一ある売店。軽食コーナーなども備える

三乱の流れ ●

石ヶ戸休憩所

阿修羅の流れ

3段からなる高さ20mの滝。水量が多くダイナミックな景観

雲井の滝 ●

奥入瀬渓流 ★

御鼻部山展望台

標高1011mで湖周辺の展望台では最も高い位置にある

● 白糸の滝

観光遊覧船が発着しており、湖上散策が楽しめる

銚子大滝

寒沢の流れ

子ノ口

小さな滝が幾重にも重なりながら流れている

十和田湖

御倉半島

東湖（外湖）

代表的なビュースポット。2つの半島と、半島に囲まれた中湖を見渡せる

中湖

瞰湖台

454

中山半島

十和田神社

休屋

西湖（内湖）

十和田湖国立公園協会総合案内所

103

十和田湖 ●とわだこ

周囲約46kmの湖。約20万年前の火山噴火により陥没した部分に雨水がたまり形成された。現在も活火山に指定されている。

◆アクセス 奥入瀬渓流へ

●新青森駅から焼山までJRバスみずうみ号で約2時間20分
●八戸駅から焼山までJRバスおいらせ号で約1時間30分

いずれのバスも奥入瀬渓流の拠点である焼山、渓流沿いを経由して十和田湖まで向かう。みずうみ号は1日3～4本、おいらせ号は1日2～3本の運行で、季節により本数が異なり、冬季運休の場合もある。車の場合は青森空港からは約1時間30分、三沢空港と下田百石ICからは約1時間20分、小坂ICからは約1時間。

青森駅 / 青森県 / 新青森駅 / 東北新幹線 / 青い森鉄道
青森空港 / 七戸十和田駅 / 三沢空港
JRバスみずうみ号で約2時間20分 / 八甲田山 / 八戸駅
焼山 / 奥入瀬川 / 102
奥入瀬渓流 / 八戸駅
JRバスおいらせ号で約1時間30分
秋田県 / 小坂IC / 盛岡駅
0 15km
338 / 下田百石IC / 八戸北IC / 八戸IC

◆ いつ行きますか？

四季それぞれに魅力のある清流と木々が織りなす風景

5月下旬～6月初旬の若葉の時期は、木々と苔の鮮やかな緑が清流に映える。10月25日前後からの1週間は赤や黄色に色づいた木々の葉が渓流沿いを彩る。ツアーも用意されている渓流の氷瀑（写真）や氷柱、雪祭り「十和田湖冬物語」など、雪で閉ざされる冬も興味深い。

◆ 絶景をめぐる おすすめプラン

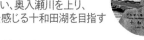

苔と出会い、奥入瀬川を上り、神秘性を感じる十和田湖を目指す

1日目

午前＊新幹線の停車駅からバスで観光の拠点へ
八戸駅または新青森駅からバスに乗車、焼山バス停で降りる。

午後＊翌日の渓流散策のための情報収集を行う
奥入瀬渓流館で散策のポイントや奥入瀬の自然を知ろう。時間があれば蔦の七沼へ出かけるのも良い。焼山エリアのホテルに宿泊。

2日目

午前＊早起きして奥入瀬渓流散策に出かける
焼山から十和田湖までは歩いて5時間以上。バスやレンタサイクルも利用しながら、無理せずに渓流沿いを進みたい。苔の世界に浸るならガイドツアーへの参加（要事前予約）がおすすめ。

午後＊十和田湖畔で帰りのバスまでの時間を過ごす
観光遊覧船で十和田湖の名所を見てまわろう。湖畔には食事処やおみやげ店も点在している。バスで焼山に戻り、帰路につく。

おでかけ前に 最新情報！

十和田湖国立公園協会 ☎0176-75-2425
青森県十和田市奥瀬十和田湖畔休屋486
奥入瀬渓流コケさんぽ ☎0176-23-5866(FORESTON)
青森県十和田市奥瀬惣辺山1（集合場所:石ヶ戸休憩所）
ライトコース3500円～　ライトコース6時15分～と13時30分～の1日2回（所要約1時間30分）

お泊まり情報 焼山周辺でリゾートホテルや温泉宿に泊まるのが基本。十和田湖なら休屋周辺に宿が多い。蔦の七沼の近くにも温泉宿がある。

042 白駒の池・苔の森

北八ヶ岳の自然が育む美しい苔の原生林

⬆白駒の池周辺の森には「白駒の森」「高見の森」「もののけの森」など10カ所に名前がつけられており、それぞれ異なる特徴を持つ

標高2115mの森の奥に現れる神秘的な池、一面の緑

　長野県北八ヶ岳の原生林の一角、鬱蒼と茂った「苔の森」。標高2000m超えの亜高山性針葉樹林に、519種類という非常に多種の苔が生息する。日本国内で29カ所ある「日本の貴重なコケの森」のひとつに選定。ひんやりとした樹林の足元には緑の絨毯が広がり、全体で神秘的な雰囲気を醸し出す。周辺一帯は登山初心者にも楽しめるトレッキングコースとして人気で、紅葉の名所でもある白駒の池を中心に登山道が整備されている。せっかくなら、あわせて「逆さ紅葉」で人気の御射鹿池、ロープウェイで行くことができる北八ヶ岳山頂からの展望といった絶景スポットにも立ち寄りたい。

▶ おでかけ前に 最新情報！

北八ヶ岳苔の会　📞090-1423-2725(青苔荘)
佐久穂町観光協会　📞0267-86-1553
🏠 長野県佐久穂町高野町569

◆ アクセス 白駒の池・苔の森へ

●茅野駅から白駒の池までアルピコ交通バスで約1時間5分
●諏訪ICから白駒の池入り口駐車場まで車で約1時間

車の場合は、中央自動車道・諏訪ICから国道152・299号を進む。白駒の池入り口の有料駐車場が利用できる。公共交通機関を利用する場合は、JR茅野駅からアルピコ交通バス「麦草峠」行きに乗車(1日3本)。

白駒の池 ●しらこまのいけ

標高2100m以上にある湖としては国内最大の大きさ。湖畔には樹齢数百年の亜高山帯・高山帯の木々が並ぶ。

駐車場から一歩森に入るとそこはもう上も下も右も左も苔だらけ！苔は光合成のみで自分の生きる栄養を作っているので雨が降ったあとがいちばんきれいです。この苔の名前は？苔ってどんな生き方してるの？そんな疑問が出てきたらぜひ苔の会加盟の山小屋で行われている苔の観察会に参加しましょう！きっと苔をもっと好きになるはず！
青苔荘　山浦さん

● いつ行きますか？

トレッキングなら夏〜秋！紅葉も見もの

6〜10月頃が散策に最適で、11月中旬〜GW頃までは池が凍結していることも。標高が高いため夏でもひんやりと肌寒く、森の中は道がぬかるんでいる場所もあるので、歩きやすい靴と濡れても平気なジャンパーは必須。冬季は国道299号(メルヘン街道)は閉鎖。

立石公園 ●たていしこうえん

山の中腹にあり、諏訪湖と諏訪市街地を一望できる。大ヒットしたアニメ映画のハイライトシーンのモデルともいわれる。

御射鹿池 ●みしゃかいけ

蓼科高原の通称「湯みち街道」沿いにある池。鏡のような水面に木々の姿を映し出す(→P.240)。

● 絶景をめぐるおすすめプラン

トレッキング+絶景スポットドライブ周遊

1日目
午前＊車やバスで諏訪の名所を観光
諏訪湖畔や鎌倉幕府の執権となった北条氏とも縁がある、4社の諏訪大社を観光。昼食は信州そばやウナギなどの名物を。
午後＊立石公園で街を一望、温泉で癒やされる
日が沈む前に湖のパノラマ絶景を見渡せる立石公園にも立ち寄りたい。宿泊は上諏訪温泉・下諏訪温泉の温泉宿へ。

2日目
午前＊白駒の池・苔の森をトレッキング
登山道入口から白駒の森を通り、白駒の池をぐるりと一周トレッキング。所要時間は約2〜3時間。
午後＊北八ヶ岳のパノラマと御射鹿池を見に行く
車で約40分、北八ヶ岳ロープウェイで八ヶ岳頂上へ。そこから車で約30分の蓼科温泉、御射鹿池にも立ち寄ろう。

◆へいせんじはくさんじんじゃ

043 平泉寺白山神社

苔の絨毯で覆われた世界で、歴史の面影に出会う

↑境内は一面苔に覆われ、「苔宮」とも呼ばれる

若宮八幡宮の大杉
●わかみやはちまんぐうのおおすぎ

全山焼失の際に耐え残った杉の御神木。南谷三千六百坊路の一角で存在感を放っている。

中世の石畳道
●ちゅうせいのいしだたみみち

1周約2kmの散策路。河原石が敷き詰められ、今もなお発掘作業が進められている。

かつての隆盛を静かに閉じ込めた宗教都市の跡形をたどりたい

　古くから信仰の対象であった白山。平泉寺は白山信仰の越前の拠点として、養老元年(717)に泰澄が開山し、都の貴族にも白山信仰を広めたといわれている。室町時代後半の最盛期には48社、36堂、6000坊、僧兵8000人規模におよんだと伝えられ、巨大な宗教都市となり繁栄したが天正2年(1574)に一向一揆勢に攻められ全山を焼失した。往時の姿をほとんど失ったまま時を重ねてきた寺は発掘調査が始まったばかりで、その全容はまだ明らかになっていない。

▶おでかけ前に 最新情報!

平泉寺白山神社社務所　☎0779-88-1591
🗾 福井県勝山市平泉寺町平泉寺56-63

◆アクセス 平泉寺白山神社へ

●勝山ICから平泉寺白山神社まで車で約20分
中部縦貫自動車道・勝山ICから国道168・131号を進み右折で132号に入る。そのまま道なりに進むと平泉寺駐車場に着く。

●いつ行きますか?

美しい苔を見るなら6〜7月がおすすめ
苔の緑色が水を含み鮮やかに輝く、雨上がりのあとの晴れの日か曇りの日が狙い目。雨に濡れた木の香りも癒やしの効果がたっぷり。

● 絶景をめぐるおすすめプラン

苔の森にたたずむ神社と恐竜の街へおでかけ

1日目
午前 ＊ 勝山ICから平泉寺白山神社へ
「美しい日本の歴史的風土百選」などに選定される国の史跡・平泉寺白山神社へ。朝のすがすがしい空気のなかで癒される。
午後 ＊ 大迫力の恐竜たちに会いに行く
道の駅 恐竜渓谷かつやま、福井県立恐竜博物館までは車で約15分。太古の歴史に思いを馳せるひとときを過ごそう。

2日目
午前 ＊ 福井が誇るスリル満点の絶景を望む
勝山から車で約1時間、東尋坊へ。遊覧船からの眺望もおすすめ。
午後 ＊ レトロな街・三国湊・温泉街を散策
歴史ある洋館や町家が軒を連ねる三国湊や、風情ある温泉地・あわら温泉をまったり散策しながら、ご当地グルメも味わいたい。

➭老杉の並木道が続く参道の菩提林から木のパワーを感じる

お待ちしています!

1300年間の歴史秘話や絶景スポットをご案内します。苔むす境内や雄々しい枝ぶりの杉木立など見どころ満載の平泉寺にぜひお越しください。
勝山DMO　本多啓介さん

チャツボミゴケ公園

穴地獄に自生するチャツボミゴケを愛でる

酸性泉が湧き出す穴地獄にチャツボミゴケが群生し、独特の風景をつくり出している

鉄鉱石の鉱床跡に形成された
チャツボミゴケのコロニー

　2015年にラムサール条約に登録され、2017年には国の天然記念物に指定された、全国的にも珍しいチャツボミゴケの群生地。このあたりは、かつて鉄鉱石の鉱床があり露天掘りによる採鉱が行われていたところ。露天掘りのくぼみ「穴地獄」には酸性泉が湧出しており、チャツボミゴケの絶好の生育環境になっているという。2000㎡にわたって広がる苔の深い緑と、清涼感のある水の流れがコラボしたすがすがしい絶景が楽しめる。

おでかけ前に 最新情報！

中之条町観光協会　☎0279-75-8814
🏠群馬県中之条町大字中之条町938（ふるさと交流センターつむじ内）

◆アクセス チャツボミゴケ公園へ

●渋川伊香保ICからチャツボミゴケ公園まで車で約1時間45分
●碓氷軽井沢ICからチャツボミゴケ公園まで車で約1時間45分
受付からは車の乗り入れはできないので、1.3kmの道のりを徒歩で行くか、園内専用バスで移動ののち徒歩で300m。

芳ヶ平湿原 ●よしがだいらしつげん
国道292号にある日本国道最高地点に立つと、眼下に広がる高層湿原が見渡せる。

野反湖 ●のぞりこ
周辺は2000m級の山々に囲まれ、高山植物が咲き誇る。

尻焼温泉 ●しりやきおんせん
川底から温泉が湧き出ており、巨大な自然の露天風呂をつくり出している。

お待ちしています！

例年6月上旬～中旬にはレンゲツツジ、10月中旬～11月上旬には紅葉が見頃を迎え、チャツボミゴケの緑色とのコントラストをお楽しみいただけます。
中之条町イメージキャラクター　なかのん

● いつ行きますか？

緑が美しい春や秋がベストシーズン
見学受付は、4～9月は9:00～15:00、10・11月は9:00～14:30。季節・天候によって変更になる場合があるので注意。12月～4月下旬は休園。

● 絶景をめぐるおすすめプラン

中之条町の自然と温泉を満喫する

1日目
午前＊渋峠から芳ヶ平湿原を遠望
日本国道最高地点である渋峠から芳ヶ平湿原を眺める。夏は新緑、秋は紅葉が美しい迫力ある絶景を堪能。
午後＊チャツボミゴケが群生する湿原を散策
昼食後、チャツボミゴケ公園へ移動。穴地獄の鉱泉に育まれたチャツボミゴケを見学。尻焼温泉に宿泊。

2日目
午前＊足をのばして野反湖へ
群馬・長野・新潟3県の県境に位置し、300種類以上の高山植物に彩られた野反湖を見学。
午後＊中之条町の観光スポットを巡る
大仙の滝、旧太子駅などを見学後、中之条ガーデンズでひと休み。陶芸や草木染体験に挑戦。

お泊まり情報　中之条町六合エリアには、レトロな雰囲気の温泉宿が数軒点在している。

045 竹田城跡

兵庫 ◆たけだじょうせき

400年前の古城が宙に浮かぶかのように現れる

⤴「虎臥（とらふす）城」とも呼ばれる竹田城跡の全景。少し離れた立雲峡という展望台から眺められる（写真提供：吉田利栄）　107

⬆荘厳な雰囲気をまとう竹田城跡

完存する城郭の美しさ
日本100名城にも選出

　但馬地方南部の山里にひっそりとたたずむ竹田城跡は、廃城から400年以上が経った今も、遺構をほぼ完全な形で残す全国でも稀有な山城跡。天守台は標高353.7mにあり、穴太積みの石垣が特徴の縄張りは南北400m、東西100mという規模を誇る。城郭史的にも見応えがあるが、竹田城跡のいちばんの魅力は、雲海に包まれたそのドラマチックな姿にある。秋になると周辺の谷で朝霧が発生し、城跡のある山頂だけが雲上から顔を見せる。その様子はさながら「日本のマチュピチュ」。雲海の観賞法は竹田城跡に登るか立雲峡から全景を望むかの2つ。2カ所の移動には1～2時間かかるのでどちらを優先するか決めておこう。

▶おでかけ前に 最新情報!

情報館 天空の城　☎079-674-2120
🏠兵庫県朝来市和田山町竹田363

◆アクセス 竹田城跡／立雲峡へ

⬤姫路駅から竹田駅まで JR播但線(寺前駅で乗り換え)で約1時間30分
⬤和田山ICから立雲峡まで車で約10分

竹田城跡へは、竹田駅から徒歩で40分～1時間かけて登山道を登るか、中腹駐車場までタクシーを利用(期間限定で日中は「天空バス」も運行し)、そこから約20分歩く。中腹駐車場手前の休憩処「山城の郷」まで車で行く方法もあるが、この場合も天空バスに乗り換えるか、徒歩で中腹駐車場まで行く必要がある。
立雲峡の駐車場は自家用車で行け、そこから3カ所ある展望台に徒歩で向かう。一番高い展望台まで駐車場から約40分歩く。
竹田駅周辺の駐車場の利用も検討したい。

南千畳 ⬤みなみせんじょう

慶長5年(1600)に廃城になったものの、見事な城郭を残す。石垣の中にあるひときわ大きな石は「鏡石」と呼ばれ、邪気を払うとしてパワースポットに。

北千畳 ⬤きたせんじょう

かつて大手門があった場所。南千畳とともに竹田城跡の双翼を担っていた。城下町を一望できるビュースポット。

天守台 ●てんしゅだい

立雲峡ではなく竹田城跡の天守台に登った場合の雲海の見え方。石垣と雲海の2つが幻想的な光景をつくりあげている。

お待ちしています!

晩秋のよく晴れた早朝に朝霧が発生することがあり、但馬地方の風物詩となっています。この雲海に包まれた姿は、まさに天空に浮かぶ城を思わせ、「天空の城」「日本のマチュピチュ」とも呼ばれています。この幻想的な景色を是非見にお越しください。
朝来市役所観光交流課のみなさん

● いつ行きますか?

9〜11月が雲海が出やすい

雲海が出やすいのは9月下旬〜11月の明け方から8時頃。よく晴れて風が弱く、日中と夜の気温差が大きいことが条件となる。3日以内に雨が降っているといっそう発生しやすい。

● 絶景をめぐる おすすめプラン

当日は夜明け前に行動開始

1日目

午前＊姫路市内を観光して
　　　レンタカーで竹田へ

姫路到着後、すぐにレンタカーを借りてもいいが、観光スポットの姫路城や好古園は姫路駅から徒歩圏で、バスも運行している。午後から借りても問題ない。

午後＊竹田の街並み散策と
　　　絶景ポイントの下見を

竹田に到着したら城下町をひと巡り。観光案内所の「情報館 天空の城」もある。明るいうちに竹田城跡への登山道や立雲峡への道のりを確認しておいてもいい。宿泊は竹田駅周辺か、ひと駅隣の和田山駅周辺で。

2日目

午前＊明け方に宿を出発し、
　　　立雲峡を目指す

雲に浮かぶ城跡全体の姿を見るため、日の出前には立雲峡に待機。雲海を見たあと竹田城跡へ行く。遠望ではなく竹田城跡で雲海を見る場合、駐車場「山城の郷」から歩で行くしかない。早めの行動を心がけたい。

午後＊絶景のあとは名湯を
　　　じっくり堪能

1時間ほど車で北へ移動すれば城崎温泉へ到着。温泉街を散策したら、湯浴みで早起きした疲れを癒やしたい。

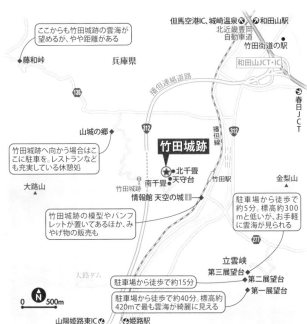

ここからも竹田城跡の雲海が望めるが、やや距離がある

藤和峠

兵庫県

但馬空港IC、城崎温泉
和田山駅
北近畿豊岡自動車道
竹田街道の駅
和田山JCT・IC

播但連絡道路

312

春日JCT

山城の郷

竹田城跡へ向かう場合はここに駐車を。レストランなども充実している休憩処

播但線

312

★北千畳
竹田城跡
天守台
南千畳
竹田城駅
竹田駅

大路山

金梨山

情報館 天空の城

竹田城跡の模型やパンフレットが置いてあるほか、みやげ物の販売も

駐車場から徒歩で約5分。標高約300mと低いが、お手軽に雲海が見られる

277

立雲峡
第三展望台

第二展望台
第一展望台

大路ダム

駐車場から徒歩で約15分

駐車場から徒歩で約40分。標高約420mで最も雲海が綺麗に見える

0　500m

山陽姫路東IC

姫路駅

お泊まり情報　雲海を見るなら竹田駅や和田山駅周辺での前泊が無難。やや距離のある城崎温泉は後泊がおすすめ。

雲海、白い幻想の誘惑

竹田城跡

郡上八幡城

秋冬の早朝に見られる、白亜の城と朝霧のコラボ

天空の城として有名になったのはここ数年だが、文豪・司馬遼太郎も美しさの感動を記している

城下町と吉田川を見守る
日本最古の木造再建城

　標高354mの八幡山の山頂に立つ郡上八幡城。戦国時代末期に築城したが、明治の廃藩置県の際に石垣以外のすべてが取り壊され、昭和8年（1933）に再建。木造の再建城としては日本最古の歴史を誇る。秋冬の早朝、ごく限られた条件で周辺の峠から朝霧と城の絶景が望める。郡上八幡城は周りの緑の豊かさから「積翠城」とも呼ばれるが、紅葉も美しく、毎年11月にはもみじまつりなども開催され城と紅葉のライトアップも。一年を通して景色が美しい城だ。2017年には「続日本100名城」にも選定された。

郡上八幡城 ●ぐじょうはちまんじょう

天守は4層5階の構造で、郡上八幡の城下町を一望できる。郡上市は「郡上鮎」が有名だが、天守から見える町が鮎の形に見えるともいわれる。

↑ライトアップされた紅葉と郡上八幡城

お待ちしています!

朝霧に浮かぶ山城も幻想的ですが、新緑や紅葉、雪景色など各季節の自然と城のコラボを楽しめるお城です！ ぜひリピートしてみてくださいね。
郡上八幡城主 青山家の子孫　青山さん

▶ おでかけ前に最新情報!

郡上八幡産業振興公社
☎0575-67-1819　🏠 岐阜県郡上市八幡町島谷520-1

◆ アクセス 郡上八幡城へ

●郡上八幡ICから車で約15分
●郡上八幡駅から車で約10分

郡上八幡城は郡上八幡ICから車で約15分で山頂の駐車場に到着。道幅が狭く、歩行者と共有の道なので注意。朝霧が見える峠へは、郡上八幡ICもしくは郡上八幡駅から国道を経由して向かう。峠は道も狭く、急なカーブが続く。非常に危険な道なので、路上での駐停車は事故につながるため禁止。事前に安全に車を停められる場所を探そう。

● いつ行きますか?

朝霧の見える秋〜冬を狙う

朝霧が見えやすいのは秋〜冬のよく晴れた日の早朝。郡上八幡城の場合、朝霧が見られるのは非常に珍しいので難易度は高い。城の紅葉も楽しめる秋もおすすめ。

● 絶景をめぐるおすすめプラン

湯めぐりと併せて計画を立てよう

1日目
午前＊郡上八幡をそぞろ歩き
郡上八幡の古い街並みは国の重要伝統的建造物群保存地区にも選定されているほど。古き良き街並みを散策しよう。
午後＊撮影の下見に時間を使いたい
明日の撮影の下見を。撮影スポットの峠は国道のため、駐車スペースがないので注意。

2日目
午前＊いよいよ出発。奇跡の一枚を
朝霧を見に夜明け前に宿を出発。道は薄暗いので事故のないように。
午後＊下呂温泉で疲れを癒やす
郡上八幡から車で1時間ほどで下呂温泉に到着。無料の足湯や日帰り入浴施設も充実しているので早起きした疲れを癒やそう。

お泊まり情報　郡上八幡城付近に多くの宿泊施設がある。道の駅に併設の宿やブランド牛の料理が自慢の宿など目的に合わせて利用を。

備中松山城

雲の波間から顔を出す現存天守の山城

山城のなかでは唯一現存する天守。雲海を見るなら晩秋〜冬にかけて、前日の日中と寒暖差が激しい寒い日の朝が狙い目　©岡山県観光連盟

山陽と山陰を結ぶ要衝を守る難攻不落の名城の跡

　高梁市街地の北端、4つの峰をいただく臥牛山の小松山に建つ山城。標高430mに建ち、山城として現存天守を持つ唯一の存在。盆地にあり城の西を流れる高梁川から霧が発生しやすいことから、雲海が望める山城としても有名。城から直線距離で約1.5km離れた展望台から、雲海の中にそびえる備中松山城の天守を望むことができる。

備中松山城天守 ●びっちゅうまつやまじょうてんしゅ

鎌倉時代、備中国有漢郷の地頭・秋庭三郎重信が築城したのを起源とし、天和3年（1683）、水谷勝宗により修築。

▶おでかけ前に 最新情報！

高梁市観光協会　☎0866-21-0461
所 岡山県高梁市横町1694-4

お待ちしています！

まさに天空の山城。特に秋は紅葉も重なりいちだんと美しい光景です。雲海は動くので、実際に見ると景色の変化も楽しめるはず。登城したときの記憶と照らし合わせて見学するのも楽しいですよ。

高梁市観光協会　大樫文子さん

● いつ行きますか？

雲海の出る早朝がおすすめ

天守や備中松山城を望む雲海展望台は通年訪れることができる。展望台から雲海に浮かんだ天守を見る場合は、9月下旬から4月上旬がおすすめ。なかでも10月下旬から12月上旬にかけては、濃い朝霧が発生する確率が高い。

◆ アクセス 備中松山城へ

◉ 賀陽ICからふいご峠まで車で約20分
◉ 岡山駅から備中高梁駅までJR伯備線特急やくもで約35分

雲海展望台へは賀陽ICから車で約10分。備中松山城天守へは土・日曜、祝日を中心に特定日にはふいご峠とその手前の城見橋駐車場を結ぶ登城バスが運行（詳細は高梁市観光協会に要問合せ）。期間中、車の乗り入れは城見橋駐車場まで。備中高梁駅からふいご峠・展望台までは乗合タクシーもある（要予約）。

● 絶景をめぐるおすすめプラン

展望台へは2日目に行く

1日目

午前 ＊ ベンガラの町・吹屋でのんびりドライブ観光
まずは車で吹屋ふるさと村へ。ベンガラ格子のノスタルジックな町並みを歩く。笹畝坑道やベンガラ館など日本遺産スポットを観光し、備中高梁駅周辺へ戻る。

午後 ＊ 車と登城バスを利用し備中松山城へ
城見橋駐車場に車を停めて、登城バスでふいご峠へ。運行していない日は自家用車でふいご峠まで乗り入れ可。そこから約20分の登山をし、天守に到着。余裕があれば城下町見学をして、備中高梁駅周辺に戻って1泊。

2日目

午前 ＊ 展望台から雲海に浮かぶ備中松山城を見納め
早朝に車で雲海スポットの展望台へ向かう。備中高梁駅からは乗合タクシーも出ている。朝霞に昇る朝日と、雲の上に浮かんだ天守を目に焼きつけよう。昼前には倉敷へ出発する。

午後 ＊ 備中松山城から車で約1時間の倉敷へ
レトロな白壁の家並みにおしゃれなギャラリーやカフェが溶け込む倉敷美観地区を楽しんでから帰路につく。

吹屋ふるさと村
● ふきやふるさとむら

江戸末期から明治時代に造られた、赤い島根の石州瓦とベンガラ格子の家並みが特徴的。

倉敷美観地区
● くらしきびかんちく

江戸時代に上方への物資輸送の中継地として栄え、今なお倉敷川沿いにその面影を残す。

© 岡山県観光連盟

048 妙高高原スカイケーブル

雲海のなかを11分の空中散歩

標高1500mの山頂駅まで約11分 絶景と山歩きが楽しめる

遠く志賀の山並みから斑尾山、野尻湖まで大パノラマが見渡せる妙高高原スカイケーブル。山々の緑や紅葉を眺めるのも爽快だが、ときどき気まぐれに現れる雲海は感動ものだ。季節にかかわらず気象条件が整ったときだけ発生するため、予測するのは難しい。たまたま遭遇した者だけが、この不思議な雲海の空中散歩を体験できる。山頂駅からは、ブナの原生林を歩くブナ林コースや、展望広場からの眺めが楽しめる展望コースなど、気軽に挑戦できるトレッキングコースが整備されている。

赤倉観光ホテル ●あかくらかんこうホテル

昭和12年（1937）創業の高原リゾートの草分け的存在。

お待ちしています!

標高720mから一気に樹木の中や上を通り抜け1500mの終点へ11分間の空中散歩! 癒やしのブナ林にエートル名物「樹液ソフトクリーム」があなたをお待ちしています。

妙高高原スカイケーブル　宮下さん

雲海をくぐり抜けて雲の上に出ると、目の前には幻想的な風景が広がる

おでかけ前に 最新情報!

妙高高原スカイケーブル　☎0255-87-2503
🏠 新潟県妙高市田切216

◆アクセス 妙高高原スカイケーブル山麓駅へ

■妙高高原ICから車で約10分
■妙高高原駅から市営バス赤倉線で約15〜20分

妙高高原駅から妙高高原スカイケーブル山麓駅までは、市営バス赤倉線で約15〜20分、新赤倉三叉路下車、徒歩3分。赤倉観光ホテルまで、無料送迎バスが1時間に1便運行している（要予約。☎0255-87-2501）。妙高高原スカイケーブルのグリーンシーズンの運行は8〜11月。

📢 いつ行きますか?

雲海に出会える確率が高いのは秋

雲海は気象条件が整えば、季節に関係なく見られるが、予測は難しい。雨上がりや放射冷却が起きた朝などが狙い目。比較的発生しやすいのは秋。紅葉のピークは10月上旬〜下旬。

苗名滝 ●なえなたき

「日本の滝百選」に選ばれた名瀑で、落差55mを豪快に流れ落ちるさまが美しい。

🏞 絶景をめぐるおすすめプラン

絶景と森林浴を堪能して山歩きを楽しむ

1日目

午前＊妙高高原駅から妙高スカイケーブルターミナルへ
妙高高原スカイケーブルに乗って山頂駅までアクセス。

午後＊山頂駅からトレッキングに挑戦
初心者はブナ林コースか展望コースにトライ。下山コースやさらにハードルの高い登山コースも整備されているので、山歩きを堪能し、赤倉観光ホテルに宿泊。

2日目

午前＊妙高高原の定番スポットを巡る
晴れた日には妙高山を水面にくっきり映し出す、いもり池や「日本の滝百選」に選ばれた名瀑苗名滝を見学。

午後＊赤倉温泉の足湯でひと息
赤倉温泉の足湯公園に立ち寄り、帰路へ。

いもり池 ●いもりいけ

4月下旬〜5月上旬にはミズバショウが群生。

三峯神社

パワースポットから望むダイナミックな雲海に感激

▍秩父の山奥に鎮座する 名刹から雲海を望む

周囲を山々に囲まれた秩父では、気象条件が合えば、市街地を覆うような雲海を高所から見渡すことができる。なかでも標高約1100mに位置する三峯神社の奥宮遥拝殿や展望の丘からの眺めは格別だ。朝日に照らされた雲海が周囲の低い山々をも包み込む様子は圧巻。

このほか秩父市内では、美の山公園、羊山公園、秩父ミューズパークも雲海スポットとして人気があり、それぞれ特徴ある雲海風景を望むことができる。

三峯神社 ●みつみねじんじゃ

日本武尊(やまとたけるのみこと)により創祀された神社で、秩父三社のひとつ。極彩色の装飾がなされた本殿や拝殿、石畳「龍」、えんむすびの木など見どころも多い。

三峯神社から望む雲海

● 絶景をめぐるおすすめプラン

日中は秩父観光を楽しみ、雲海は早朝に見学

1日目

午後＊秩父市内に到着し観光を楽しむ

秩父周辺は見どころが多い。神社巡りや人気の長瀞ラインくだりなどを楽しんだあと、宿にチェックインして早めに就寝。

2日目

午前＊早朝、雲海を楽しむ

早朝の雲海見学に備えて宿を出発し三峯神社へ。雲海見学を終えたら、三峯神社を参拝しよう。

午後＊秩父市内でおみやげを探して帰路へ

観光スポットに立ち寄ったり、ランチやおみやげ探しを。

◆ アクセス 三峯神社へ

● 花園ICから三峯神社まで車で約2時間
● 三峰口駅から三峯神社までバスで約50分

雲海の見学は早朝なので、車でアクセスするか三峯神社の宿坊・興雲閣や神社周辺の宿に宿泊する必要がある。なお、神社へのアクセスは、週末は混雑するので注意を。

● いつ行きますか？

10月中旬～11月中旬の発生率が高い

晴天、無風、湿度が高いなど、一定の気候条件が揃わないと雲海の出現は期待できない。気象条件を満たしたうえで、春や秋、特に10月中旬～11月中旬頃に発生しやすくなる。SNSなども活用し、事前に情報を収集しておくのがよい。

お待ちしています！

秩父は盆地のため、さまざまなロケーションで雲海を楽しめます。特に、神秘的な壮大に広がる雲海を眺められる関東屈指のパワースポットと知られる古社・三峯神社は別格です！早朝の条件が揃い、素晴らしい雲海が発生することを祈っております!!
秩父観光協会専務理事　鈴木さん

秩父神社 ●ちちぶじんじゃ

創建は2000年以上前まで遡る秩父地方の総社。現在の社殿は徳川家康が寄進したもの。本殿にある「つなぎの龍」など彫刻に注目。

おでかけ前に 最新情報！

三峯神社　☎0494-55-0241
🏠 埼玉県秩父市三峰298-1
秩父観光協会　☎0494-21-2277
🏠 埼玉県秩父市野坂町1-16-15（西武秩父駅前）
秩父雲海カメラ　https://navi.city.chichibu.lg.jp/cloudview/

秩父ミューズパーク
●ちちぶミューズパーク

イベント、スポーツ、アートなどが楽しめる大型テーマパーク。紅葉シーズンは銀杏並木が見事だ。雲海見学スポットでもある。

長瀞ラインくだり
●ながとろラインくだり

親鼻橋～高砂橋の区間で川下りが楽しめる。長瀞の渓谷美、晩秋には紅葉に包まれた風景が楽しめる。

050 長野
雲海ハーバー
◆うんかいハーバー

　10月下旬から11月下旬の期間、ゴンドラとリフトを乗り継いで標高1600mの展望台まで上ると、遠くは南アルプスまで広がる雲海に出会える。ゴンドラは早朝から動いているので、朝方の星空や、朝日に照らされる雲海を望むこともできるので、早起きして訪れたい。

⬆星空を眺めるツアーも開催する星空絶景の名所でもある

◆おでかけ前に 最新情報!
ヘブンスそのはら
☎0265-44-2311　🏠 長野県阿智村智里3731-4　🚗 中央自動車道・飯田山本ICから約12km　🕐 10月上旬〜11月上旬5:30〜6:45　🈺 期間中無休　💴 3600円

放射冷却により冷やされた空気中の水分が霧となって発生する

天空の楽園から山々と雲海を見下ろす

051 長野
SORA terrace
◆ソラ テラス

　世界最大級166人乗りのロープウェイで標高1770mの山頂へ。スキー場のグリーンシーズンにサンセットや星空観賞が楽しめるテラスは夕刻になると雲海が発生する珍しいスポットで、62%の高確率で雲海が発生する。ドリンクメニュー充実のカフェで雲海の発生を待ちながらゆったり過ごしたい。

◆おでかけ前に 最新情報!
竜王マウンテンパーク
☎0269-33-6345　🏠 長野県山ノ内町夜間瀬11700　🚗 上信越自動車道・信州中野ICから約16km　🕐 9:00〜19:00　🈺 HP要確認　💴 ロープウェイ往復2500円

スイス製ロープウェイで約8分間の空中散歩気分

雲海テラスで幻想空間に癒やされる

---

052 北海道
星野リゾート　トマム
雲海テラス
◆ほしのリゾート　トマム うんかいテラス

　雲海ゴンドラで標高1088mへ上り雲海を楽しむ施設。2021年8月リニューアルのテラスのほか、さまざまな展望スポットがあり、遠くまで広がる雲海や日高山脈、昇る朝日など雄大な景色を思う存分眺められる。シーズン中の雲海発生率は40%。

◆おでかけ前に 最新情報!
星野リゾート　トマム
☎0167-58-1111　🏠 北海道占冠村中トマム　🚗 道東自動車道・トマムICから約4km、ホテルからエリア内バスでゴンドラ山麓駅まで10分　🕐 5:00〜8:00（季節により変動あり）　🈺 期間中無休（詳細はHPを要確認）　💴 1900円

9つの楽しみ方を提唱する雲海テラス

空中にせり出したテラスからより雲海を近くに感じられる

Cloud Poolは雲の形の展望スポット

降り立つとすぐに絶景が広がる抜群のロケーション

雲海発生率は62%
高確率で絶景に出会える名所

⬆山麓が雨や曇りのときが雲海発生のチャンス。一面に広がる雲海が刻一刻と姿を変える様子はいつまでも見ていたい

星野リゾート　トマム　雲海テラス

SORA terrace

ロープウェイに乗り、山の上に建つ雲海を望むために造られた特別なテラスへ。
いつも見上げる雲を見下ろす非日常感たっぷりの絶景をカメラに収めたい。

雲海ハーバー

びわ湖バレイ／
びわ湖テラス

053 滋賀
びわ湖バレイ／びわ湖テラス

◆びわこバレイ／びわこテラス

　標高1108mの打見山の山頂にあるテラス。水盤やウッドデッキが配置され、リゾートのような空間から琵琶湖と大津市街を一望する大パノラマを望める。冬に寒暖差が大きいと雲海が広がる。

雲海で湖が覆われる

◆おでかけ前に 最新情報!
びわ湖バレイ／びわ湖テラス
📞077-592-1155　所滋賀県大津市木戸1547-1　交西大津バイパス／湖西道路・志賀ICから約4km　時9:30〜17:00（土・日曜、祝日9:00〜、変動あり）　休変動あり、HP要確認　料ロープウェイ3000円〜

⬆北湖側に面したノーステラスやロープウェイを2つ乗り継いで行く Café 360にも足をのばしたい

054 立山黒部アルペンルート

富山／長野　たてやまくろべアルペンルート

北アルプスを貫く山岳観光ルートから雲上の楽園へ

ルートの最高所である室堂の代表的な風景、みくりが池。雪解け水をたたえ、湖面に立山の雄姿を映し込む

6つの乗り物を乗り継いで 気軽に標高約2500mの世界へ

　前人未到の険しい山岳地帯だった立山に、山岳観光ルートが全線開業したのは昭和46年（1971）。水力発電所建設を機に開発された。富山県立山町と長野県大町市を結び、北アルプスを横断するルートで、トロリーバスやケーブルカーなどの乗り物がつないでいる。すべての乗り物を利用すれば、徒歩移動は黒部ダムから黒部湖までの約15分のみで標高約2500mの山岳地に降り立つことができる。標高差約2000mのルート上には、壮大な山岳パノラマや美しい湖沼、湿原、原生林、高山植物といった豊富な自然景観が広がる。標高2450mの室堂平には日本最高所の温泉が湧く。室堂や弥陀ヶ原で一夜を過ごせば、雲海に沈む夕日や満天の星が輝く雲上の別世界に浸ることができる。

大観峰 ●だいかんぼう

黒部湖から標高差約500mを立山ロープウェイで上った断崖絶壁に建つ駅。屋上展望台からは黒部湖やタンボ平、後立山連峰などを一望できる。立山ロープウェイから見る空中大パノラマは圧巻のひと言。

称名滝 ●しょうみょうだき

約350mの落差は日本一。水しぶきを上げる勇壮な景色を楽しめる。すぐ隣の雪解けの季節だけ現れるハンノキ滝と合流する姿は壮観だ。

お待ちしています！

立山は天気に恵まれれば3000m級の山のパノラマが広がる絶景の地です。室堂周辺の宿に泊まれば、雲海に沈みゆく夕日や満天の星、天の川など、生涯忘れられない景色に巡り会えるかもしれません！ 室堂の散策前には、ぜひ立山自然保護センターへ。きっと役立つ情報が手に入ります。
立山自然保護センター　大塚さん

室堂山展望台 ●むろどうやまてんぼうだい

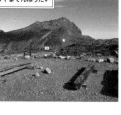

室堂山へ向かう登山道を1時間ほど歩くと展望台がある。立山カルデラや五色ヶ原が広がる雄大な風景を一望できる。タイミングが合えば幻想的な雲海も見られる。

室堂 ●むろどう

アルペンルート最高地点、標高は2450m。6〜8月には高山植物の宝庫に。

弥陀ヶ原 ●みだがはら

標高約2000mに広がる湿原に餓鬼の田といわれる池塘が点在。木道が整備され、気軽に散策できる。

雷鳥沢 ●らいちょうざわ

立山連峰や大日連峰を見晴らせ、キャンプ場や山小屋がある。9〜10月には尾根一面が紅葉で鮮やかに染まる。

黒部ダム ●くろべダム

日本一の高さ186mを誇る巨大ダム。毎年6月26日からはダイナミックな放水シーンが見られ、運が良ければ虹がかかることもある。日本で最も高い場所を航行する黒部湖遊覧船ガルベからは黒部峡谷や立山連峰の景色を満喫できる。一周約30分、1100円。

雪の大谷 ●ゆきのおおたに

除雪の際にできた高さ20mに迫る雪の壁。4月のルート開通後には、近くを歩いて見学することができる。

123

● 絶景をめぐるおすすめプラン

多彩な乗り物で楽々登山

1日目

午前＊長野側から黒部ダムへ

長野側扇沢に昼前頃に到着。電気バスで黒部ダムへ。昼食は名物の黒部ダムカレーを味わう。

午後＊巨大ダムと後立山連峰の眺望

巨大な黒部ダムと黒部湖を見学後、ケーブルカーで黒部平、ロープウェイで大観峰へ。雲上テラスで後立山連峰を眺め、トロリーバスで室堂到着。室堂泊。満天の星を満喫。

2日目

午前＊自然満喫ハイキング

立山連峰を眺めつつ、みくりが池や血の池などが点在する散策コースを1時間ほど歩く。バスで弥陀ヶ原へ。高山植物の咲く湿原の木道を2時間ほど散策して昼食をとる。

午後＊ルート終着駅の立山へ

バスで美女平、ケーブルカーで立山駅に到着。時間に余裕があればバスで称名滝まで足をのばそう。

◆ アクセス 立山黒部アルペンルートへ

● 電鉄富山駅から立山駅まで富山地方鉄道本線で約1時間
● 松本駅から信濃大町駅までJR大糸線で約1時間。北アルプス交通バス／アルピコ交通バスに乗り換えて扇沢まで約40分

車で行く場合は、立山駅か扇沢の駐車場に停め、ルート内の交通機関を利用する。アルペンルートを通り抜ける場合は、車の回送サービスを利用する。長野駅〜扇沢を往復するアルピコ交通の特急バスも利用できる（1日5本）。

● いつ行きますか？

高山植物は7月がピーク

室堂周辺の雪の大谷は例年4月中旬〜6月中旬頃。新緑は5月で、高山植物が咲くのは6月下旬〜8月頃だ。6月26日〜10月15日には黒部ダムの豪快な観光放水も見られ、7〜8月が最も賑わう。紅葉は標高で異なるが9月下旬〜10月。12月〜4月中旬頃までは乗り物の運行が止まるので入山できない。

▶ おでかけ前に 最新情報！

立山黒部貫光株式会社 営業推進部 ☎076-431-3331
立山自然保護センター ☎076-463-5401
🏠 富山県立山町芦峅寺（室堂平）
くろよん総合予約センター（扇沢〜黒部ダム間）
☎0261-22-0804
関電トンネル電気バス（扇沢〜黒部ダム）
🕐 6:30〜17:00 約30分〜1時間間隔 🈺 12/1〜4/14
💴 1570円
黒部ケーブルカー（黒部湖〜黒部平）
🕐 7:10〜16:00 約20分間隔 🈺 12/1〜4/14
💴 1050円
立山ロープウェイ（黒部平〜大観峰）
🕐 7:30〜16:15 約20分間隔 🈺 12/1〜4/14
💴 1320円
立山トンネルトロリーバス（大観峰〜室堂）
🕐 7:45〜16:30 約30分間隔 🈺 12/1〜4/14
💴 2200円
立山高原バス（室堂〜弥陀ヶ原〜美女平）
🕐 8:40〜16:30 約40分〜1時間間隔 🈺 12/1〜4/14
💴 2200円（室堂〜弥陀ヶ原1070円、弥陀ヶ原〜美女平1450円）
立山ケーブルカー（美女平〜立山駅）
🕐 9:20〜17:30 約20分間隔 🈺 12/1〜4/14
💴 960円

※営業時間は季節により変更することがあるので事前に時刻表でご確認ください

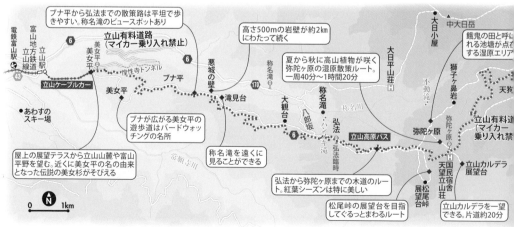

ブナ平から弘法までの散策路は平坦で歩きやすい。称名滝のビュースポットあり

立山有料道路（マイカー乗り入れ禁止）

高さ500mの岩壁が約2kmにわたって続く

夏から秋に高山植物が咲く弥陀ヶ原の湿原散策ルート。一周40分〜1時間20分

ブナが広がる美女平の遊歩道はバードウォッチングの名所

屋上の展望テラスから立山山麓や富山平野を望む。近くに美女平の名の由来となった伝説の美女杉がそびえる

称名滝を遠くに見ることができる

弘法から弥陀ヶ原までの木道のルート。紅葉シーズンは特に美しい

松尾峠の展望台を目指してぐるっとまわるルート

餓鬼の田と呼ばれる池塘が点在する湿原エリア

立山有料道路（マイカー乗り入れ禁止）

立山カルデラ展望台

立山カルデラを一望できる。片道約20分

室堂でトレッキングに挑戦!!

室堂周辺には主に2つのトレッキングコースが設定されており、最も手軽でポピュラーなのがみくりが池周回コース。室堂のシンボルのみくりが池やみどりが池、血の池、日本最古の山小屋の立山室堂などを巡る。起伏の少ない約1時間のコースだ。室堂山展望台コースは、室堂ターミナルを出発して室堂平や立山カルデラ、北アルプスの山々を一望できる展望台を目指す往復1時間30分ほどのコース。体力に自信があまりないけれど、気軽に登山気分を味わいたい人におすすめのコースだ。

1 みくりが池は透明度が高い
2 9月下旬〜10月上旬は雷鳥沢の紅葉の季節。山肌が多彩な色に染まる
3 室堂平で見かける雷鳥は国の特別天然記念物に指定されている

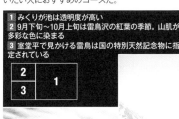

涼やかな空気に抱かれた高原の自然とふれあう

白樺湖や車山高原、霧ヶ峰高原、美ヶ原高原を結ぶ全長76kmのビーナスラインをドライブしたい

360度の大パノラマが広がる
さわやかな緑の世界へ

　長野県のほぼ中心に位置する標高1500〜1900mの火山群。ゆるやかな起伏が続く霧ヶ峰高原は、観光に人気の高原エリアとして知られ、レンゲツツジやニッコウキスゲ、マツムシソウなどの高山植物や生き物、昆虫が集まる自然の宝庫。日本が誇る名峰、アルプス山脈や八ヶ岳連峰なども見渡せる。

　ビーナスラインと呼ばれるドライブコース沿いには湿原が点在。車山湿原、八島ヶ原湿原、池のくるみ踊場湿原は、霧ヶ峰三大湿原として名高く、なかでも八島ヶ原湿原は日本を代表する高層湿原として国の天然記念物に指定されている。丘陵地と湿原を歩くネイチャーツアーや白樺湖のアクティビティなども楽しめる。

▶おでかけ前に 最新情報！

諏訪市観光案内所　📞0266-58-0120
🏠長野県諏訪市諏訪1-1-18 JR上諏訪駅内
車山高原観光協会　📞0266-68-2626
🏠長野県茅野市北山3413
信州ビーナスライン連携協議会　📞0266-72-2101
🏠長野県茅野市塚原2-6-1（茅野市役所内）

◆アクセス 霧ヶ峰へ

●諏訪ICから霧ヶ峰まで車で約30分
諏訪ICから県道40号を経由してビーナスラインへ。絶景ロードとして知られるビーナスラインは、白樺湖から美ヶ原高原を結ぶ道路。無料で通行ができる。美ヶ原高原周辺は、11月中旬〜4月中旬の冬季は通行止めになる道路もあるので事前に確認しておきたい。

霧ヶ峰高原 ●きりがみねこうげん

なだらかな起伏が続く高原地帯。例年7月中旬〜下旬に花を咲かせるニッコウキスゲが有名。

八島ヶ原湿原 ●やしまがはらしつげん

約1万2000年前に形成された長い歴史を持つ湿原。国の天然記念物に指定され、霧ヶ峰高原を一望できる絶景が魅力。

車山高原 ●くるまやまこうげん

夏は展望リフトやハイキング、冬はスキー場として四季を通して楽しめる高原リゾート。山々が見渡せる山頂には車山神社の鳥居と社殿があり、荘厳な空気に包まれている。

車山高原展望リフト スカイライナー
●くるまやまこうげんてんぼうリフト スカイライナー

車山山頂まで移動できるリフト。高原風景や蓼科山、白樺湖などを眼下に望む。

お待ちしています！

美ヶ原高原から霧ヶ峰高原、車山高原を経由して白樺湖まで、晴れた日に出かける高原ドライブは、雲の上を走るような爽快感があります。霧ヶ峰や車山には、夏季限定でキャンプ場も開設されるので、屋外体験もたっぷり堪能できますよ！

茅野市観光課　長谷川さん

● 絶景をめぐる おすすめプラン

ビーナスラインを爽快ドライブ

1日目

午前 ＊ 霧ヶ峰の高原を散策
霧ヶ峰の絶景はもちろん、周辺には霧ヶ峰グライダー、霧ヶ峰自然保護センター、霧鐘塔、ドライブインなどがあり、歩いてまわることができる。

午後 ＊ 霧ヶ峰三大湿原を巡る
車山湿原、八島ヶ原湿原、池のくるみ踊場湿原を合わせた霧ヶ峰三大湿原を車で周遊。

2日目

午前 ＊ 車山高原のリフトに乗車
車山高原のリフトに乗り、車山の頂上へ。周辺の山並みや白樺湖などを見渡せる。山景色を背景に鳥居が立ち、記念撮影スポットとなっている。

午後 ＊ 白樺湖周辺でひと休み
白樺湖周辺には、食事やみやげを購入できるショップなどが集まる。アクティビティの拠点や立ち寄り湯などもある。

グライダー

霧ヶ峰は日本のグライダー発祥の地。霧ヶ峰グライダーふれあい館では、グライダーの歴史紹介を行っている。

● いつ行きますか？

高山植物の咲く7〜8月がベスト

多様な高山植物が観察できる7〜8月がおすすめ。ニッコウキスゲは7月中旬〜下旬、レンゲツツジは6〜7月が見頃を迎えるなど、可憐な姿を観察できる。夏は白樺湖の水上アクティビティ、冬は霧ヶ峰スキー場が開かれるなど季節のアクティビティも充実。

◆美ヶ原高原
ゆるやかな丘と牧草地が広がる高原。美ヶ原高原美術館や宿泊施設などが集まる

車山高原にある湿原。夏にはニッコウキスゲが咲き誇る

152

●八島ヶ原湿原

ビーナスライン

エコーバレースキー場

車山湿原

車山高原

周囲約4kmの美しい湖。湖畔にはレジャー施設や散策路があり、お楽しみが満載のエリア

199

194

霧ヶ峰

霧ヶ峰高原ドライブイン霧の駅

霧ヶ峰高原

霧ヶ峰自然保護センター

霧ヶ峰スキー場

霧鐘塔

霧ヶ峰グライダーふれあい館

40

霧の日、道に迷わないように鐘を鳴らして道しるべとする霧鐘塔。高原のシンボルのような存在

霧ヶ峰グライダー

ビーナスライン

40

車山神社

車山高原スキー場

車山高原展望リフトスカイライナー

白樺湖

白樺湖ロイヤルヒルスキー場

長野県の中央部に位置する美ヶ原高原から白樺湖を結ぶドライブコース。爽やかな高原風景が続く

長野県

池のくるみ踊場湿原

女性の横顔に見える夫婦岩がそびえる雄大な高原に滑走路があり、離発着するグライダーを見られる

別名「池のくるみ」と呼ばれる霧ヶ峰三大湿原のひとつ

◆諏訪湖

152

N

0　　　1km

056 熊本 あそのくさせんりがはま
阿蘇の草千里ヶ浜
雄大な自然を感じる熊本の大地

草千里ヶ浜を含む阿蘇地域一帯の世界文化遺産登録に向けて活動が行われている

↑ミルクロード

緑と火山のコントラスト
自然豊かなカルデラを散策

阿蘇五岳のひとつ、烏帽子岳の北側斜面にある火口跡に、直径約1kmの草原が広がる。中央には雨水が降り注いでできた2つの大きな池があり、この地の牧歌的で雄大な風景は、中村憲吉をはじめとする多くの歌人によって詠まれてきた。草千里展望所からは、見渡す限りの草原を望むことができ、北に阿蘇谷の田園風景、東に中岳、西に熊本平野と360度の眺望が開ける。晴天時には、有明海と雲仙普賢岳まで一望できるという。

阿蘇ではパラグライダーや熱気球など広大な自然を楽しむアクティビティも盛んで、3〜11月にはホーストレッキングで草原を一周することが可能。冬になると美しい樹氷が現れる。

おでかけ前に 最新情報!

阿蘇インフォメーションセンター
☎0967-34-1600
🏠 熊本県阿蘇市黒川1440-1
(阿蘇駅構内)

◆アクセス 草千里ヶ浜へ

●熊本空港から草千里ヶ浜まで車で約50分
公共交通機関で訪れる場合、鉄道かバスで阿蘇駅まで出て、そこから産交バス阿蘇火口線で草千里阿蘇火山博物館前バス停まで約30分。

星空 ●ほしぞら

夜の星空も美しい草千里ヶ浜。旅行会社や宿泊施設によっては夜のスターウォッチングツアーを開催しているところも。

中岳火口 ●なかだけかこう

活火山である中岳の火口見学は車かシャトルバスでアクセスする。見学が可能かは随時HPで確認。

白川水源 ●しらかわすいげん

日本名水百選にも選ばれている、南阿蘇地域の代表的な湧水地。毎分60t湧き出る豊富な清水を自由に持ち帰ることができる。

米塚 ●こめづか

小さいながらもれっきとした火山である米塚。高さは約80mで、約3300万年前の噴火で形成されたといわれている。ふっくらとまるみを帯びたフォルムが特徴的。

お待ちしています!

阿蘇は四季折々の美しい景観、おいしいグルメ、温泉、アクティビティなど魅力満載です。ぜひ阿蘇へお越しください。お待ちしております。

阿蘇市観光協会 大塚さん

● 絶景をめぐる おすすめプラン

大パノラマを巡る山ドライブ

1日目

午前＊見晴らしが良い絶景スポットへ車を走らせる

阿蘇ドライブのスタートはミルクロードから。絶景ポイントの大観峰へ。

午後＊阿蘇パノラマラインを南下して草千里ヶ浜へ

米塚を通ってから草千里ヶ浜の展望所へ。ホーストレッキングで景観を眺めたあとは、中岳火口で阿蘇山の噴火口を見学する。

2日目

午前＊トロッコ列車「ゆうすげ号」で南阿蘇の風景を堪能

中松駅からトロッコ列車(土・日曜ほか特定日のみ運行)に乗って渓谷やのどかな阿蘇山麓の風景を楽しむ。南阿蘇 白川水源駅で下車、白川水源へ。

午後＊温泉でリフレッシュ

南阿蘇の温泉に立ち寄ってから帰路につく。

ホーストレッキング

阿蘇の雄大な景観を馬との一体感を感じながら楽しめる。スタッフが手綱を引くので子どもでも安心。

● いつ行きますか?

新緑の季節に訪れたい

花や景観を楽しむのであれば、4月下旬～6月上旬がよい。ミヤマキリシマで有名な仙酔峡や阿蘇山上のつつじ祭りなど、各地で花祭りが開催される。

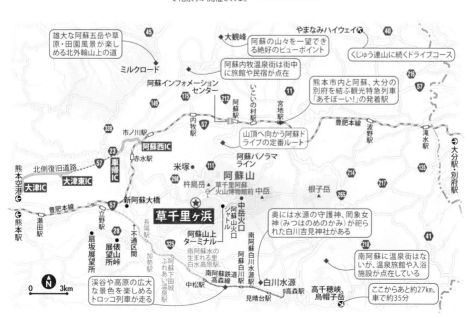

雄大な阿蘇五岳や草原・田園風景が楽しめる北外輪山上の道 ミルクロード 45

大観峰 阿蘇の山々を一望できる絶好のビューポイント

やまなみハイウェイ 40

くじゅう連山に続くドライブコース

阿蘇内牧温泉街は街中に旅館や民宿が点在

阿蘇インフォメーションセンター

いこいの村駅 阿蘇駅 宮地駅 11

熊本市内と阿蘇、大分の別府を結ぶ観光特急列車「あそぼーい!」の発着駅

148 175 212 豊肥本線 波野駅 滝水駅 216 57

市ノ川駅 339 内牧駅 57

山頂へ向かう阿蘇ドライブの定番ルート 阿蘇パノラマライン

阿蘇西IC 23 阿蘇山 大分駅・別府駅

車帰IC 赤水駅 米塚 111

熊本空港 大津IC 大津東IC 57 北側復旧道路 290 杵島岳 草千里阿蘇火山博物館前 中岳 根子岳 265 214 217 135

熊本駅 瀬田駅 豊肥本線 立野駅 新阿蘇大橋 草千里ヶ浜 中岳火口 阿蘇山上ヤトル 奥には水源の守護神、岡象女神(みつはのめのかみ)が祀られた白川吉見神社がある

28 俵山峠 長陽駅 阿蘇山上ターミナル 加勢駅 325 南阿蘇白川水源駅 阿蘇白川水源駅 白川水源 南阿蘇に温泉街はないが、温泉旅館や入浴施設が点在している 41 218

扇坂展望所 不通区間 南阿蘇水の生まれる里白水高原駅 阿蘇白川駅 高森駅 高千穂峡、烏帽子岳

0 3km 渓谷や高原の広大な景色を楽しめるトロッコ列車が走る 阿蘇下田城ふれあい温泉駅 中松 南阿蘇鉄道高森線 見晴駅 高森駅 ここからあと約27km、車で約35分

岩手/秋田・仙台

八幡平

湿原や火口沼が点在する標高1613mの台地状火山

⬆茶臼岳南側にある熊沼は紅葉が美しい。沼への登山道はないが、八幡平アスピーテラインから一望できる

↑八幡平アスピーテラインの開通直後の4月中旬には、道路の両側に高い雪の壁がそそり立つ「雪の回廊」が現れる

独特の雰囲気に包まれる
高原地帯を気ままにドライブ

奥羽山脈の北部、岩手県と秋田県にまたがる台地状の火山群で、日本百名山のひとつに数えられている。ブナやアオモリトドマツの原生林が生い茂り、無数の沼や湿原が点在する火山帯独特の風景が魅力だ。台地を横断する全長約27kmの八幡平アスピーテラインが整備され、岩手山などの峰々が連なる開放的な景色を満喫できる人気のドライブコースとなっている。ワタスゲやニッコウキスゲが咲き誇る夏、樹木が赤く染まる秋は特に美しい。観光拠点の見返峠付近からは、八幡沼を巡りながら標高1613mの頂上へ向かう散策路が続いている。火山の恵みの温泉もぜひ楽しみたい。

▶ おでかけ前に 最新情報!

八幡平市観光協会 　0195-78-3500
松尾八幡平ビジターセンター
🏠 岩手県八幡平市柏台1-28
八幡平山頂レストハウス(4月中旬〜11月上旬のみ開館)
🏠 岩手県八幡平市八幡平山頂

◆アクセス 八幡平へ

●松尾八幡平ICから八幡平まで車で約40分
●鹿角八幡平ICから八幡平まで車で約50分
八幡平アスピーテラインは、冬の11月上旬〜4月中旬(八幡平樹海ラインは〜4月下旬)は、冬期通行止め。開通後〜5月下旬までで夜間(17時〜翌8時30分)通行止め。盛岡駅から八幡平山頂方面へ行く八幡平自然散策バス(無料ガイド付き)が1日1便運行している。

八幡平アスピーテライン ●はちまんたいアスピーテライン

岩手県と秋田県にまたがるドライブロード。湖沼や木々が八幡平ならではの景観をつくり出す。新緑とともに紅葉も素晴らしい。

八幡平ドラゴンアイ ●はちまんたいドラゴンアイ

例年5月中旬から6月中旬にかけて鏡沼に出現。出現条件は天候などに左右されるため、運が良ければ見ることができる。

八幡沼 ●はちまんぬま

周囲1.5kmの八幡平で最大の沼。八幡平山頂展望台からは八幡沼一帯のパノラマ風景を楽しむことができる。

黒谷地湿原 ●くろやちしつげん

火山の噴出物で川をせき止めてできた池塘といわれる堤を見ることができる。湿原のほとりには豊富な高山植物が生息。

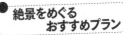

お待ちしています!

十和田八幡平国立公園の八幡平地域。火山帯独特の風景が広がり、四季折々の神秘の絶景が楽しめます。ドライブやトレッキング、温泉がおすすめです。
八幡平市観光協会　田代さん

● 絶景をめぐる おすすめプラン

車と徒歩で高原の美に浸る

1日目

午前＊緑が心地よい八幡平
　　　樹海ラインをドライブ

樹海ラインを上って緑と山並み風景に見惚れる。八幡平山頂レストハウスの源太カレー稲庭うどんで昼食。

午後＊八幡平山頂で高山植物と
　　　パノラマ風景を見学

八幡沼を巡る自然探勝路を歩き、八幡平頂上へ。展望台から岩手山の雄大な眺めを楽しんだら、温泉宿に宿泊。

2日目

午前＊アスピーテラインを
　　　爽快にドライブ

八幡平アスピーテラインを走って高原風景を観賞しつつ、黒谷地湿原へ。高山植物の花々を愛でつつ散策。

午後＊盛岡市街へ出て
　　　盛岡の味に舌鼓

時間があれば市街を散策。盛岡グルメを堪能し、帰路につく。

源太カレー稲庭うどん
●げんたカレーいなにわうどん

岩手県産牛スジ肉を煮込んだカレーと秋田名産の稲庭うどんで2県の味が絶妙に組み合わさっている。

● いつ行きますか?

夏は高山植物が花盛り

残雪が溶け、高山植物の咲き誇る7〜8月、紅葉の9月下旬〜10月中旬が特に美しい。冬季は八幡平アスピーテラインと八幡平樹海ラインが通行止めになる。見返峠付近は真夏でも20℃前後と涼しい。平地の服装に加えて、脱ぎ着できる衣服を持参したい。

地図

アオモリトドマツの原生林や岩手山を望む展望台がある。山頂へは残り徒歩5分

湿原を通る木道がある。バス停から展望台まで片道15分

休憩にちょうどいい水場

八幡平きっての展望ポイント。茶臼口バス停から片道45分。熊沼やアスピーテラインも見下ろせる

源太森
八幡平山頂展望台
八幡平
陵雲荘(避難小屋)
八幡沼展望台
八幡沼
ガマ沼分岐
自然探勝路
展望台
熊の泉
黒谷地湿原
黒谷地
後生掛温泉
メガネ沼
ガマ沼
八幡平ドラゴンアイ
源太清水
このあたりから見る岩手山の眺めはダイナミック!
至仏山
茶臼岳
見返峠
八幡平頂上
八幡平山頂レストハウス
展望台と駐車場あり
八幡平アスピーテライン
23
熊沼
茶臼口
八幡平
八幡平樹海ライン
岩手県
秋田県
341
藤七温泉
彩雲荘
ゆるやかなカーブが続く快適なドライブコース。開通直後は雪の回廊が連なる
蓬莱境
蓬莱沼
石ガタ沼
御在所湿原
後沼
広葉樹が多い道で秋の紅葉はとりわけ美しい
松川温泉
0　　500m

058 四国カルスト

白い岩肌はまるで高原に群れる羊たちのよう

天空を走り抜けるような 爽快なパノラマのドライブ

　カルストとは石灰岩が浸食されてできた地形のこと。日本三大カルストのひとつに数えられるここは、無数の岩が草原にむき出しになった特徴的な景観を、東西約25kmにわたる雄大なスケールで眺めることができる。標高1000〜1500mの高原に位置するため、四国の山々の眺望も良く、一帯では牛が草を食む牧歌的な情景にも出会える。

おでかけ前に 最新情報!

久万高原町観光協会　☎0892-21-1192
西予市役所経済振興課　☎0894-62-6408

◆アクセス 四国カルストへ

●松山空港から姫鶴平(めづるだいら)まで車で約2時間

ドライブの中心となるのは、天狗高原から大野ヶ原までカルスト地帯を東西に貫く四国カルスト公園縦断線(県道383号)。松山ICから国道33・440号をたどり、地芳(じよし)峠で接続する。高知方面からの場合は、高知自動車道・須崎東ICから一般道を利用。

←標高の高い四国カルストでは、満天の星が見えることでも有名

五段高原付近。天狗高原から五段高原、姫鶴平にかけてが最もカルストらしい景観が広がるエリア

お待ちしています！

四国カルストではE-BIKEをレンタルできるので、風を切りながら絶景を楽しめます。おいしい食べ物もあるので心もお腹も満たされること間違いなし！ 特に、星空は一生に一度は見てほしい絶景です。ぜひ遊びにいらしてください。

久万高原町観光協会　菊地さん

風力発電所 ●ふうりょくはつでんしょ

風況が良い高知県の梼原町にある風力発電所。1基あたり600kwを発電できる風車が2基設置されている。

● いつ行きますか？

緑まぶしい草原を眺めたい

高原が緑に染まるのは春から夏。ハンカイソウやヒメユリなどの高山植物も見られる6～7月がベストシーズン。一面がススキに覆われる秋も見応えがあり、早朝には雲海が出現することもある。冬場は積雪することが多い。牛が放牧されているのは春から秋にかけてのみ。

● 絶景をめぐるおすすめプラン

松山観光も組み合わせて計画する

1日目

午前＊松山空港でレンタカーを借りて四国カルストを目指す

探勝の拠点となる姫鶴平は地芳峠からすぐ。昼前の到着を目指し、まずはここで昼食をとる。

午後＊カルスト地形の絶景を堪能

五段高原や天狗高原には遊歩道があるので、車を降りて散策。観光牧場もある西側の大野ヶ原では、石灰岩地帯が広がる源氏ヶ駄場が絶景ポイント。夕方には出発し、松山の道後温泉に宿泊。

2日目

午前＊松山市内の主要スポットを観光

松山城や松山市立子規記念博物館、坂の上の雲ミュージアムなど。愛媛名物の鯛料理を味わう。

午後＊市内から空港まで車で20～30分

松山空港でレンタカーを返却し、帰路につく。

お泊まり情報　宿泊施設が数軒あるが、冬場は閉鎖されるものも。ドライブ終わりに松山の道後温泉や高知の中心地まで行くのがベター。

059 岩手
龍泉洞
◆りゅうせんどう

　岩手県北東部、宇霊羅山の麓に位置する。悠久の月日が育んだ鍾乳石がつらら状に下がっている迫力満点の月宮殿など見どころも多いが、奥へ進んだ先にある地底湖の青の美しさは格別。鍾乳洞から湧き出た水が深い青をたたえ、特に3つある地底湖のうち第3地底湖の水深は約98mで、美しいドラゴンブルーが広がっている。

◆おでかけ前に 最新情報!
☎0194-22-2566
🏠岩手県岩泉町岩泉神成1-1　🚃JR盛岡駅から車で1時間50分　🕐10:00〜16:00　🈳無休　💴1100円

つらら石が特徴的な月宮殿。LEDでライトアップ

地底湖に眠る群青の宝石
神秘のドラゴンブルーに魅了される

第2地底湖。水深38m

悠久の歴史を感じさせる鍾乳洞

060 福岡
千仏鍾乳洞
◆せんぶつしょうにゅうどう

　入口から約500m地点の「奥の細道」以降は水が足首まで浸かっており、横幅10mほどの狭い道を足を濡らしながら前へ前へと進んでいくのが特徴。カルスト台地に降り注いだ雨水が地下まで染み込み、川をつくりあげている。長い年月を感じさせられる鍾乳石「初音乳」などにも注目。

◆おでかけ前に 最新情報!
☎093-451-0368
🏠福岡県北九州市小倉南区平尾台3-2-1　🚗九州自動車道・小倉南ICから約12km　🕐9:00〜17:00（土・日曜、祝日は〜18:00）　🈳無休　💴900円

荒々しい岩肌と清水が続く道は
冒険心をくすぐること間違いなし

↰洞内は一年を通して気温が一定なので、快適に過ごせる

第3地底湖。深いが底が見えそうな透明感

061 沖縄
石垣島鍾乳洞
◆いしがきじましょうにゅうどう

　一番の見どころは大ホール・神々の彫刻の森。周囲10mの大石柱や無数の石筍が樹立し、非日常の世界が広がる。かつて海底だったため、サンゴ礁やシャコ貝の化石が見られるのも石垣島鍾乳洞ならでは。洞内の気温が一年を通して23℃で安定していることから酒蔵があり、購入した専用の泡盛を一定期間保蔵してくれるサービスもおもしろい。

◆おでかけ前に 最新情報!
☎0980-83-1550　所沖縄県石垣市石垣1666　交新石垣島空港から約15km　時9:00～18:30（最終受付18:00）　休無休　料1200円

神々の彫刻の森。美しい石筍がずらり

約20万年の時が語る歴史
日本最南端の鍾乳洞

↑全長3.2kmの石垣島最大の鍾乳洞で、そのうち見学できるのは約660m

長い年月をかけてつくられる鍾乳洞。東北地方から沖縄まで
日本全国の鍾乳洞のなかから個性あふれる美しさをもつ4カ所をピックアップ。

秋芳洞　龍泉洞　千仏鍾乳洞　石垣島鍾乳洞

↑百枚皿は百枚という名前だが実際は500枚以上ある

千町田。皿のひとつひとつが大きいのが特徴

062 山口
秋芳洞
◆あきよしどう

　総延長約10.7kmで日本最大規模を誇る、日本三大鍾乳洞のひとつ。なかでも黄金柱と百枚皿は必見。黄金柱は流れ落ちる水に含まれる石灰分が長い時間をかけて固まってできた巨大な柱。百枚皿は鍾乳石が段々に連なったもので、その平たく皿のような見た目からその名がついた。

◆おでかけ前に 最新情報!
☎0837-62-0305　所山口県美祢市秋芳町秋吉　交バス停・秋芳洞から徒歩7分　時8:30～17:30（12～2月は～16:30）　休無休　料1300円

高さ15m、幅4mの黄金柱。今にも水が滴り落ちそうなダイナミックな情景

国の特別天然記念物にも指定
悠久の時がつくりあげる日本屈指の芸術

お待ちしています！

釧路は一日の寒暖差が大きく、霧の多い地域です。朝霧に沈む湿原や、夕焼けに染まる湿原も美しく、時間ごとに違う風景を楽しめます。広い湿原では西と東で自生する植物が異なり、風景も多様です。複数の展望台を訪れ、その違いも楽しんでください。
釧路観光コンベンション協会　伊藤さん

⬆釧路市湿原展望台から続く遊歩道を進みたどり着く北斗展望台園地。サテライト展望台とも呼ばれ、間近に湿原の眺望が広がる

⬆釧路川流域の広大な湿原は野生動物の宝庫。タンチョウやシマフクロウなどの希少生物も暮らしている　143

釧路市湿原展望台 ●くしろししつげんてんぼうだい

3階展望室と屋上から、湿原や釧路市街、阿寒の山々などの大パノラマが楽しめる。湿原の動植物を復元した展示物も豊富。一周約2.5kmの遊歩道も整備されており、北斗展望台園地からは湿原の眺望が間近に広がる。

4つの町村にまたがる
国内で類を見ない広大な湿原

　北海道の東部に広がる面積約2万8700haにおよぶ国内最大の湿原。ヨシが群生する緑の平野に釧路川が蛇行して流れ、大小いくつもの湖沼が点在する。特別天然記念物のタンチョウやキタサンショウウオをはじめ、貴重な動植物たちの生息地であり、湿原保存を目的とした国際条約、ラムサール条約にも1980年に国内でいち早く登録された。原始の時代を想像させる大自然の光景は、およそ6000年前まで浅い湾だった場所の海水が引いたのち土砂や泥炭が堆積し、約3000年前に現在のような姿になったものだ。各所の展望台や遊歩道、湿原を走る列車など、さまざまな視点から眺望を楽しめる。

▌おでかけ前に 最新情報！

釧路観光コンベンション協会　☎0154-31-1993
🏠 北海道釧路市幸町3-3
温根内ビジターセンター　☎0154-65-2323
🏠 北海道鶴居村温根内

細岡展望台 ●ほそおかてんぼうだい

湿原東側に位置する展望台。蛇行する釧路川の眺望が広がり、北に阿寒の山々を遠望することができる。

◆アクセス 釧路湿原へ

●釧路空港から釧路市湿原展望台まで車で約20分
●釧路駅から釧路湿原駅までくしろ湿原ノロッコ号で約25分
釧路駅から釧路市湿原展望台へは阿寒バスが運行しているが便数は少ない。コッタロ湿原展望台などへ行くにはレンタカーが便利。細岡展望台は釧路湿原駅から徒歩約10分。

コッタロ湿原展望台
●コッタロしつげんてんぼうだい

原始の姿をとどめ、特別保護地区に指定された湿原の眺めが楽しめる展望台。コッタロ川や沼など雄大な景色が広がる。

釧路市丹頂鶴自然公園
●くしろしたんちょうづるしぜんこうえん

絶滅の危機に瀕したタンチョウを保護し、繁殖させるための施設。季節を問わず見学できる。

くしろ湿原ノロッコ号
●くしろしつげんノロッコごう

湿原の中央を走り抜け、車窓からの絶景が満喫できる。見どころではゆっくりと走行。

炉端焼 ●ろばたやき

魚介の炉端焼発祥の地といわれる釧路。市内には専門店がひしめき、近海の幸が味わえる。

● いつ行きますか?
緑と花で色鮮やかな7・8月

湿原を覆うヨシやスゲの緑が濃く、湿性植物が開花する7月〜8月中旬頃が特に美しい。湿原内を走るくしろ湿原ノロッコ号は7月中旬〜10月上旬の土・日曜、祝日のみ運行（運行時期は事前に要確認）。1〜2月は不定期でSL冬の湿原号も運行し、白銀の釧路湿原の眺めを満喫できる。

● 絶景をめぐる おすすめプラン
湿原の多彩な表情にふれる

1日目
午前＊湿原の遊歩道を
　　　1時間ほど散策
到着後、釧路空港でレンタカーを借り、釧路市湿原展望台へ。遊歩道を散策し、湿原風景を間近に楽しむ。
午後＊展望台を巡って
　　　湿原の自然風景を満喫
太古の自然を思わせる風景のコッタロ湿原展望台、湖沼風景が美しいサルボ展望台をまわる。釧路のホテルに宿泊し、炉端焼など釧路の味を堪能。

2日目
午前＊列車に乗って
　　　湿原の広さを実感する
釧路駅からくしろ湿原ノロッコ号に乗って車窓から湿原風景を楽しむ。釧路湿原駅で降り、細岡展望台から湿原や釧路川、阿寒連山を一望。
午後＊日本最大級の野鳥
　　　タンチョウに会いに行く
空港へ向かう途中、釧路市丹頂鶴自然公園へ。

地図内のラベル:

- 3つの展望台があり、原始的な湿原風景が見られる。付近は細い砂利道なので運転に注意
- 知床斜里駅
- 茅沼駅
- コッタロ湿原展望台
- シラルトロ自然情報館
- シラルトロ湖
- 鶴見台
- 湖沼群と湿原の広がる風景を一望できる
- サルボ展望台
- 塘路湖エコミュージアムセンター「あるこっと」
- 塘路駅
- 塘路湖
- 釧路CC
- キラコタン岬
- 宮島岬
- 湿原東部には、海の名残をとどめる海跡湖が点在。塘路湖は釧路湿原最大の海跡湖
- ここから出発する温根内木道がある。一周約1時間で野鳥や花を楽しめる
- 日本では珍しいシマフクロウを飼育。タンチョウなどがいる北海道ゾーンも充実
- 温根内ビジターセンター
- 釧路湿原
- 釧路湿原駅
- 細岡駅
- 細岡ビジターズラウンジ
- 細岡展望台
- 館内には湿原のジオラマやパネル展示あり。途中に展望台がある遊歩道はおすすめ
- 釧路川、雄阿寒岳、雌阿寒岳を望む夕景スポット。最寄り駅は釧路湿原駅
- 釧路市山花公園オートキャンプ場
- 釧路市動物園
- 釧路市湿原展望台
- 釧路湿原野生生物保護センター
- 北斗遺跡
- 釧路市丹頂鶴自然公園
- 湿原の生態系や絶滅の恐れがある野生生物をパネルやジオラマで紹介。無料
- 釧路空港
- 釧路湿原道路
- 釧路西IC
- 釧路中央IC
- 釧路本線
- 遠矢駅
- 根室駅
- 根室本線
- 釧路別保IC
- 釧路外環状道路
- 新富士駅
- 釧路駅
- 東釧路駅
- 武佐駅
- 釧路東IC
- 別保駅
- 帯広駅
- 大楽毛駅
- 新大楽毛駅
- 根室本線
- くしろ湿原ノロッコ号
- 釧路観光コンベンション協会
- 太平洋
- 0　3km

⬆みずみずしい湿原地帯に至仏山のシルエットが美しい中田代付近。雪解けを合図に花々が咲き始める

どこまでも平らな木道が続く
可憐な花々のプロムナード

約3.7万haもの面積を持つ尾瀬国立公園のなかでも、最もハイカーに人気のエリア。周囲は至仏山、燧ヶ岳など2000m級の名峰に囲まれており、ハイキングルートの数も多い。希少種を含め多種類の高山植物が生息していて、その自然環境は学術的にも高く評価されている。雪解けとともに訪れるミズバショウの季節は特に人々の心をひきつけてやまず、童謡にもその美しさが歌われているほど。遠目に山々を眺めつつ、広々とした湿原に延びる木道を歩けば爽快な気持ちでいっぱいだ。初めてなら鳩待峠から歩き始め、竜宮または見晴あたりで引き返すルートが一般的。

尾瀬沼 ●おぜぬま

燧ヶ岳の噴火によって沼尻川がせき止められたことでできた。沼の北岸には大小さまざまな湿原が広がる。

ヨッピ吊橋 ●ヨッピつりばし

竜宮十字路から北に進んだ先のヨッピ川に架かる。橋の手前には熊よけの鐘がある。

☝オゼコウホネ。上ノ大堀や研究見本園の池塘あたりで見られる希少な植物

☝9月中旬〜10月上旬が見頃のエゾリンドウ。美しい青色が特徴

お待ちしています！

春、夏、秋と季節によって景色が変わるのが尾瀬の魅力で、何回来ても楽しめます。ルートも多く、目的地や体力によって選べます。下山後は片品村の宿で疲れを癒やすのもおすすめ。おみやげには高原野菜や高原花豆が人気です。
片品村観光協会　井上さん

おでかけ前に 最新情報！

片品村観光協会　☎0278-58-3222
尾瀬山の鼻ビジターセンター（尾瀬保護財団事務局）
☎027-220-4431　📠群馬県片品村戸倉898-9

いつ行きますか？　5・6月のミズバショウが人気

雪解けが始まる5月中旬から花が咲き始め、新緑が美しいのは7〜8月。気温は東京より10℃ほど低く、8月でも最高25℃前後、朝晩は12℃くらいだ。11月中旬〜4月下旬は冬期道路閉鎖あり。

絶景をめぐる おすすめプラン　山小屋泊でハイキング

1日目
午前＊鳩待峠に到着！ 尾瀬ヶ原を目指して出発
鳩待峠に着いたら1時間ほど歩き、尾瀬山の鼻ビジターセンターを過ぎれば、尾瀬ヶ原ハイキングの本番だ。
午後＊花々を愛でつつ、景色を満喫
木道そばのベンチでお弁当をいただく。牛首分岐からヨッピ吊橋のほうへ向かい、16時頃までに見晴周辺の山小屋に到着。

2日目
午前＊朝から湿原の絶景を目に焼きつけて鳩待峠へ
山小屋から三条ノ滝に向けて出発。滝を見学したら見晴や竜宮を通って鳩待峠まで引き返し、帰路につく。

◆アクセス 尾瀬ヶ原へ

●沼田駅から尾瀬戸倉まで関越交通バスで約1時間20分
●尾瀬戸倉から鳩待峠まで乗合バスで約35分
尾瀬戸倉からは乗合タクシーも利用可。入山口は鳩待峠のほか富士見下、大清水、沼山峠など。車の場合、津奈木〜鳩待峠間は5月下旬〜10月中旬、御池〜沼山峠間は通年マイカー規制がある。夜に各地発で朝に鳩待峠着、別の入山口から帰るツアーもある。

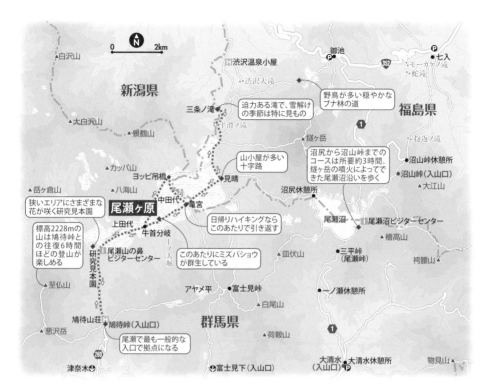

狭いエリアにさまざまな花が咲く研究見本園

標高2228mの山は鳩待峠との往復6時間ほどの登山が楽しめる

尾瀬山の鼻ビジターセンター

尾瀬で最も一般的な入口で拠点になる

日帰りハイキングならこのあたりで引き返す

このあたりにミズバショウが群生している

山小屋が多い十字路

迫力ある滝で、雪解けの季節は特に見もの

野鳥が多い穏やかなブナ林の道

沼尻から沼山峠までのコースは所要約3時間。燧ヶ岳の噴火によってできた尾瀬沼沿いを歩く

↑下田代でよく見ることができる柿色の花・カキラン。7月下旬〜8月上旬に見頃を迎える

↑葉緑素をもたず植物に寄生するギンリョウソウ、別名ユウレイタケ。6月上旬〜7月上旬が見頃

↑イワナシ。5月中旬〜6月中旬に沼山峠あたりでよく見られる。雨に濡れ透ける花弁が美しい

↑ニッコウキスゲが群生する中田代の風景。すがすがしい空気に包まれた7月の尾瀬らしい風景

お泊まり情報　山小屋は鳩待峠周辺、見晴、山の鼻などに20数軒ある。すべて予約・定員制。広大な尾瀬を1泊2日でまるっと満喫しよう。

065 竜ヶ原湿原
りゅうがはらしつげん

人々が崇めてきた名峰の中腹に広がる黄金色

環境保護のため、湿原内は立ち入り
禁止。整備されている木道を歩く

日本の重要湿地500にも指定
雪や湧き水でつくられる湿原

山形県と秋田県の県境に位置し、東北を代表する標高2236mの鳥海山。雪が積もった様子が富士山に似ていることから「出羽富士」とも呼ばれ、古くから山岳信仰の対象であった。竜ヶ原湿原は鳥海山の5合目付近に広がっており、ハイカーや登山家にも人気のスポット。山の約1200m地点にあるため、ヒオウギアヤメやミツガシワ、ニッコウキスゲなどの高山植物が数多く見られる。2kmほどの木道が整備されており、初心者でも安心してまわれる。特に紅葉の時季は一面が赤く色づき美しい。

善神沼 ●ぜんじんぬま

山の4合目付近に広がる沼。水に逆さ鳥海山が見えることも。

おでかけ前に 最新情報！

由利本荘市観光協会　☎0184-24-6349　📮秋田県由利本荘市尾崎17　URL https://yurihonjo-kanko.jp

◆アクセス 竜ヶ原湿原へ

◎酒田みなとICから竜ヶ原湿原まで車で約1時間20分

竜ヶ原湿原までバスなどはなく、車のみのアクセス。酒田みなとICから国道7号を経由して祓川駐車場へ。そこから徒歩ですぐの鳥海山矢島口登山口へ行き、竜ヶ原湿原に到着。

● いつ行きますか？

新緑の夏か紅葉シーズンの秋がおすすめ

数々の高原植物が咲く夏、もしくは紅葉が美しい秋がおすすめ。冬は寒さが厳しいのでおすすめできない。また、雪が6月頃まで残っているので足元には注意。高山植物はヒオウギアヤメが7〜8月、ミツガシワが6〜7月、ニッコウキスゲが7〜8月に見頃を迎える。

お待ちしています！

5月連休前には除雪も終わり鳥海山までの雪の回廊が開通します。11月の降雪期に道路が閉鎖されるまで、鳥海山周辺は何度でも訪れたい景観が広がっています。なかでも竜ヶ原湿原は多くの高山植物と間近に見える迫力の鳥海山が圧巻です。
由利本荘市観光協会　宮本さん

元滝伏流水　●もとたきふくりゅうすい

高さ約5m、幅約30mの滝。鳥海山に染み込んだ雨や雪解けの水が、岩の隙間を縫って流れ落ちるさまが美麗。

● 絶景をめぐるおすすめプラン

鳥海山と秋田タウンを巡るプラン

1日目

午前＊竜ヶ原湿原をトレッキング

車で鳥海山 矢島口登山口へ。上にそびえ立つ鳥海山は圧巻で、散策路を進んだ先にある祓川展望台からは日本海が望める。

午後＊周辺を散策

竜ヶ原湿原周辺を巡る。善神沼や法体の滝などへも。足をのばして元滝伏流水もおすすめ。その後、秋田市内へ移動し宿泊。

2日目

午前＊秋田タウンを満喫

秋田県立美術館でアートにふれたり、きりたんぽを食べたり秋田を堪能しよう。

午後＊おみやげを購入し帰路につく

日本酒や秋田犬グッズなどを購入し帰宅。

066 オホーツク海の流氷

北海道 ◆オホーツクかいのりゅうひょう

シベリアから流れつく白い使者に出会う

流氷観光砕氷船おーろら(網走)。世界で最初に観光用に設計された大型砕氷船。流氷観光砕氷船おーろら(網走)船の重みで氷を砕き、流氷の中を進む。道の駅 流氷街道網走から1日4〜5便出航。乗船時間は約1時間、料金は3500円

流氷観光船ガリンコ号Ⅲ IMERU（紋別）
●りゅうひょうかんこうせんガリンコごうスリー イメル（もんべつ）

先端に取り付けたスクリューで、氷を砕いて進む。
海洋交流館から1日約5便出航するほか、2月にはサ
ンライズとサンセットのクルーズもある。ともに完
全予約制で、料金は3500円。

流氷に包まれた冬の海を
砕氷船でクルージング

　12月初旬、シベリアの強い寒気がオホーツク海を
冷やして水温が−1.8℃以下になると、海中には薄
い板状の氷（晶氷）ができる。晶氷はしだいに成長し
て流氷となり、季節風や海流にのって北海道のオホ
ーツク海沿岸へ、1カ月半ほどかけてやって来る。
やがて沿岸一帯は白い氷の世界に閉ざされる。絶え
ず移動している流氷を、いつどこで見られるかは波
と風次第。網走や紋別で催行する観光砕氷船で沖に
出れば、見られる確率はぐんと高まる。真っ白な流
氷の海をガリガリと砕き進む砕氷船。まるで南極に
いるような、最果ての地を旅する気分が味わえる。
流氷の上を歩くツアーも人気。

流氷物語号 ●りゅうひょうものがたりごう

オホーツク海の流氷を列車から眺められるJR北海道の観光
列車。網走駅〜知床斜里駅を1日2往復（2月）運行。

◆アクセス オホーツク海へ

●女満別空港から流氷砕氷船のりば（おーろらターミナル）
まで網走バスで約40分
●紋別空港から海洋交流館まで空港連絡バスで約10分
女満別空港から網走、紋別空港から紋別まで、それぞれの流氷砕
氷船乗り場へは、流氷観光の期間中、飛行機の発着に合わせて直
行バスが出ている。

おでかけ前に 最新情報！

網走市観光協会　📞0152-44-5849
みなと観光交流センター 道の駅 流氷街道網走
📞0152-67-5007　🏠北海道網走市南3条東4-5-1
流氷砕氷船おーろら（網走）　📞0152-43-6000
紋別観光振興公社 観光事業課　📞0158-24-3900
🏠北海道紋別市幸町5-24-1（紋別バスターミナル1F）
流氷砕氷船ガリンコ号Ⅲ IMERU（紋別）　📞0158-24-8000
🏠北海道紋別市海洋公園1
流氷物語号（JR北海道）　https://www.jrhokkaido.co.jp
SINRA（流氷ウォーク）
https://www.shinra.or.jp/ryuhyo_walk.html

ワンシラ

流氷ウォーク（ウトロ）
●りゅうひょうウォーク（ウトロ）

専用のドライスーツを着て、接岸した流氷の上を歩いたり、海に浮かんだり。浮力や防水性にも優れたスーツなので、初めてでも安心。

北海道立オホーツク流氷科学センター「GIZA」
●ほっかいどうりつオホーツクりゅうひょうかがくセンター「ギザ」

紋別市にある、流氷について楽しく学べる施設。海の妖精・クリオネや本物の流氷を一年中見学できる。

お待ちしています！

流氷を感じることができる流氷観光砕氷船おーろら乗船や凍った網走湖で氷上ワカサギ釣り体験など、ここでしかできない冬の体験や絶景をお楽しみください。
第47代流氷パタラのみなさん

● 絶景をめぐるおすすめプラン

船や列車から流氷を楽しむ

1日目
午後＊網走で観光スポット巡り
女満別空港から網走市内へ。オホーツク流氷館で流氷に関する知識を深める。時間があれば、博物館 網走監獄に立ち寄ったり、網走湖でワカサギ釣りに挑戦。

2日目
午前＊砕氷船で氷上クルーズ
いよいよ砕氷船に乗船。船上から見られる、流氷に覆われた神秘的な海の景色を楽しんだら、道の駅で買い物。
午後＊列車から流氷を眺める
釧網本線を走る「流氷物語号」に乗車し知床斜里へ向かう。

● いつ行きますか？

海霧も晴天率も冬が高い

流氷は2月中旬から3月上旬をピークに、1月下旬から4月上旬にかけて見られるが、その年の気候によって異なる。インターネットなどで天候や流氷情報を確認しておきたい。流氷の状況次第で、網走と紋別のどちらを拠点に見学するかを決めてもいい。

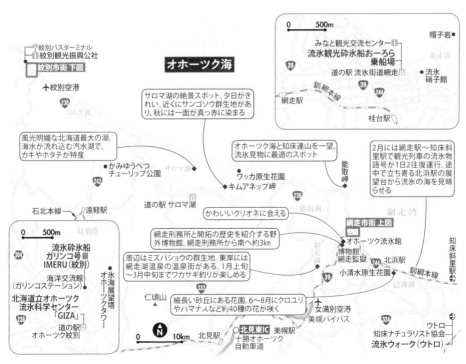

八甲田山の樹氷

幻想的な樹氷群のなかを ロープウェイで空中散歩

八甲田山は日本国内で樹氷が見られる数少ないスポットのひとつ。樹氷観光が楽しめる山頂公園駅へ、ロープウェイで簡単に移動できるのが特徴。樹氷はアオモリトドマツに氷や雪が付着し、凍って大きくなったもので、スノーモンスターとも呼ばれる。いくつかの条件と偶然が重なって生まれた美しい姿形は生き物のようで、見つめていると今にも動き出しそうだ。スキーやスノーボードで樹氷の間を縫って滑走するのも、八甲田の冬の醍醐味のひとつ。

■ おでかけ前に 最新情報!

八甲田ロープウェー
☎017-738-0343
🏠 青森県青森市荒川寒水沢1-12

● いつ行きますか?

寒さが厳しい時季が見頃

八甲田山で樹氷が見られるのは主に1〜2月頃。日中の晴れ渡った青空とのコントラストも美しいが、夕暮れどきのピンクやオレンジに染まった樹氷原も幻想的でフォトジェニックだ。

八甲田ロープウェー ●はっこうだロープウェー

山麓駅から山頂公園駅まで約10分、15〜20分おきに運行している。1〜2月は樹氷観光に訪れる人の利用も多い。

写真提供:八甲田ロープウェー

ここでしか見られない雪と氷の巨大モンスター

一面を埋め尽くす、白いモンスターの群れ。ここまで成長した樹氷が見られる場所は、世界でも珍しい

お待ちしています!

1・2月は吹雪いていることが非常に多いですが、稀に快晴になることがあります。その際には樹氷とともに美しい景観をぜひ一度ご覧ください。

八甲田ロープウェー
鈴木さん

◆アクセス 八甲田山へ

●青森駅から八甲田ロープウェー駅前まで
JRバスみずうみ号で約1時間20分

レンタカーも利用できるが、雪道に慣れていない場合はバスをおすすめしたい。青森駅や新青森駅から十和田湖を結ぶJRバスを利用して、八甲田ロープウェー駅前で下車。

● 絶景をめぐるおすすめプラン

樹氷と温泉で八甲田の自然を満喫

1日目

午前＊まずはバスを利用して八甲田山の麓へ
青森駅から八甲田ロープウェー駅前までJRバスで移動。

午後＊樹氷群のなかをスノーシューでトレッキング
ロープウェイで山頂公園駅までは10分ほど。山頂では、一面の樹氷原をガイド付きで散策するスノーシュートレッキングに参加する（要予約）。樹氷の間を縫って歩きながら、間近に観察できる。夜は酸ヶ湯（すかゆ）温泉に宿泊。

2日目

午前＊酸ヶ湯温泉から青森市内へ戻る
青森駅までの移動は、バスで約1時間20分。

午後＊帰路につく前に、冬の青森グルメを堪能
旬の海鮮が盛りだくさんの古川市場ののっけ丼や、ご当地グルメの味噌カレー牛乳ラーメンに挑戦したい。おみやげには、名産のリンゴを使った製品を。

068 秋田 ◆よこてのかまくら
横手のかまくら
夜に灯る雪国の人の温かさを映すやさしい光

ⓘミニサイズのかまくらは、狭いスペースに多くのかまくらを作るために、昭和46年(1971)から始められた

◆蛇の崎川原の会場に並ぶ無数のミニかまくら。幻想的な光景に魅せられる

↑通りに作られたかまくらが、あたりをやさしく照らす

真冬の秋田をほのかに灯す 古くから伝わる伝統行事

小正月の夜、横手の各所に作られた雪洞に灯りがともされ、幻想の世界が現れる。約450年の歴史を持つ行事は、水神様に豊作や良い水に恵まれるよう祈願する祭事や、子どもの雪遊びが結びついたもの。「入ってたんせ〜（入ってください）」と招き、甘酒や餅を振る舞う、地元の子どもとの素朴なふれあいも魅力だ。無数の小さなかまくらの光が夜に浮かぶ光景も見もの。

おでかけ前に 最新情報！

横手市観光協会　☎0182-33-7111
🏠 秋田県横手市中央町8-12（ふれあいセンターかまくら館内）

◆アクセス 横手駅へ

●大曲駅から横手駅までJR奥羽本線で約20分
●北上駅から横手駅までJR北上線で約1時間20分
飛行機で行く場合は、花巻空港からは車で約1時間15分。秋田空港からは車で約1時間、エアポートライナーで約1時間30分。

● いつ行きますか？

2月の冬の夜に開かれるイベントに合わせて
毎年2月、梵天（ぼんでん）とともに横手の雪まつりとして、かまくらが15・16日、梵天が17日に開催される。かまくら観賞は夜がおすすめだが、日中もさまざまなイベントが行われる。

梵天 ●ぼんでん
「五穀豊穣」「家内安全」「商売繁盛」などの願いが込められた、約300年の歴史を誇る行事。

横手やきそば
●よこてやきそば
もっちりした食感の茹で麺に福神漬け、目玉焼がトッピングされたご当地グルメ。

お待ちしています！
自然豊かな横手市には、季節ごとに祭りやイベントがあります。特に雪まつり「かまくら」は雪国の情緒を体感できます。皆様のお越しを心よりお待ちしています。
横手市観光協会　木下和美さん

🔵 絶景をめぐる おすすめプラン

横手の冬の2大行事を体感

1日目
午前＊祭りの前にB級グルメを堪能したい
北上駅からJR北上線に乗り、横手駅に到着。お昼に名物の横手やきそばを食べて、しばし横手市内を散策。
午後＊巡回バスで個性豊かなかまくらを見物
夕方から無料巡回バスに乗り、いろいろなかまくら会場を見学。途中、横手の名物が食べられる物産展特設会場へ寄る。この日は横手市内のホテルに宿泊。

2日目
午前＊梵天で寒さも忘れ盛り上がる
梵天奉納を見学。梵天と呼ばれる大きな飾り棒を旭岡山神社に奉納する横手の伝統行事。奉納の際には先頭を争い激しくぶつかり合う。
午後＊秋田のおみやげを買い、帰路につく
いぶりがっこや地酒など、秋田の特産品をおみやげに。

↑木戸五郎兵衛村の古民家との組み合わせは風情たっぷり

069 北海道 あかんこのフロストフラワー
阿寒湖のフロストフラワー

厳冬期、静寂の湖上に咲くひとときの氷花

⬆冬の早朝、阿寒湖に花開いた冬の華。めったに見られない氷の芸術世界を、雄阿寒岳がそっと見守る

わずかなチャンスをとらえて朝焼けに輝く氷上世界を眺める

　フロストフラワーとは直訳すると「霜の華」。氷上の水蒸気が冷えて結晶化し、成長して美しい花のようになる現象で、そのふわりとした可憐な姿は冬の華と称される。阿寒湖や屈斜路湖など道東の一部で、一定の気象条件が整ったときのみ見られる現象のため、簡単には出会えない貴重な絶景。阿寒湖温泉にある阿寒ネイチャーセンターでは、冬の華を見る早朝ツアーを開催しており、ダイヤモンドダストが空に輝き、木々を樹氷が包む世界は幻想的だ。スノーモービルやバギーなどの氷上アクティビティや、阿寒湖砕氷帯遊覧観光船での周遊も魅力。

おでかけ前に 最新情報！

阿寒ネイチャーセンター　☎0154-67-2801（11～12月は休業）　🏠 北海道釧路市阿寒町阿寒湖温泉5-3-3

お待ちしています！

阿寒湖は12月後半から結氷し、白い平原へと姿を変えます。氷点下20℃以下になる厳しい寒さと湖岸から湧く温泉は、冬ならではの絶景をつくり出します。温泉の魅力が倍増する冬の阿寒湖へぜひお越しください！
阿寒ネイチャーセンター　安井岳さん

雄阿寒岳 ●おおあかんだけ

標高1370m、阿寒湖の東にそびえる雄大な姿は登山者にも人気があり、山頂までは約3時間半。麓にある太郎湖、次郎湖とともに登山口近くの滝見橋から眺める冬景色も美しい。

氷上ファットバイク ●ひょうじょうファットバイク

結氷したヒョウタン沼と阿寒湖でファットバイクに乗って絶景を眺める「ひょうひょうたるツアー」は、例年11月下旬～1月上旬頃に開催される。

◆アクセス 阿寒湖へ

●釧路空港から阿寒湖温泉まで車で約1時間
●釧路空港から阿寒湖温泉まで阿寒エアポートライナーで約1時間20分

釧路から阿寒湖温泉までの国道240号は除雪されており、雪が積もって運転できないことはほとんどない。阿寒湖周辺は標高が高く、勾配やカーブが多いため、冬は路面凍結や雪による視界不良に注意。ホテルによっては釧路や帯広からの送迎もあるので活用したい。

オンネトー

季節や天候、見る角度により湖面の色が美しく変化する神秘の湖。透明度が高く、青やエメラルドグリーン、紅葉が湖に映り込む秋もおすすめ。12月上旬〜4月上旬までは通行止。

マリモ

淡水性の緑藻が球状に集合した藻類。阿寒湖のマリモは球形が大きく、国の特別天然記念物に指定されている。チュウルイ島にあるマリモ展示観察センターで見ることができる。

雌阿寒岳 青沼
●めあかんだけ あおぬま

雌阿寒岳の山頂にある旧火口。鮮やかなエメラルドグリーンの色が特徴で「青沼」と呼ばれる。現在の火口は黄色で「赤沼」と呼ばれ、近距離に2つの水辺が共存している。

●いつ行きますか？

限られた冬の時季を狙う

フロストフラワーを見るなら結氷間もない12月中旬から1月上旬がベスト。「気温が−15℃以下に冷えた、無風の晴れた早朝」などの気候条件が揃うと見られる確率が高まるが、ベストの時季でも見られる確率は30%ほど。湖底に温泉が湧く場所など、氷の薄くなった周辺では1月中旬〜3月中旬でも見られることがある。火山地帯にある阿寒湖温泉は、湯壺といわれる温泉の吹き出し口が所々にあり、氷の薄い部分に危険が伴う。安全にフロストフラワーを観賞するため、経験豊かなガイドとの同行がおすすめ。

●絶景をめぐる おすすめプラン

氷の世界の魅力を肌で感じる

1日目

午後＊氷の景色を楽しむ体験
阿寒湖の氷上でファットバイクをこいで冬の自然散策へ。雪化粧した山々を眺めながら、自分のペースで進もう。

2日目

午前＊フロストフラワーを探す
早朝の阿寒湖散策ツアーに参加してフロストフラワーや霧氷などの絶景に出会いたい。阿寒湖温泉街に戻ったら足湯や手湯で温まろう。

午後＊氷上アクティビティに挑戦
バナナボートやスノーモービルなど、氷上ならではのアクティビティができる。雪上の疾走感あふれる体験に興奮！

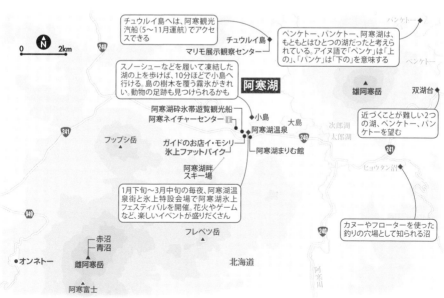

チュウルイ島へは、阿寒観光汽船（5〜11月運航）でアクセスできる

ペンケトー、パンケトー、阿寒湖は、もともとはひとつの湖だったと考えられている。アイヌ語で「ペンケ」は「上の」、「パンケ」は「下の」を意味する

チュウルイ島
マリモ展示観察センター

スノーシューなどを履いて凍結した湖の上を歩けば、10分ほどで小島へ行ける。島の樹木を覆う霧氷がきれい。動物の足跡も見つけられるかも

阿寒湖

近づくことが難しい2つの湖、ペンケトー、パンケトーを望む

阿寒湖砕氷帯遊覧観光船
阿寒ネイチャーセンター

ガイドのお店イ・モシリ
氷上ファットバイク

阿寒湖畔スキー場

1月下旬〜3月中旬の毎夜、阿寒湖温泉街と氷上特設会場で阿寒湖氷上フェスティバルを開催。花火やゲームなど、楽しいイベントが盛りだくさん

小島
大島
阿寒湖温泉
阿寒湖まりむ館

雄阿寒岳
双湖台
次郎湖
太郎湖

ヒョウタン沼

カヌーやフローターを使った釣りの穴場として知られる沼

フップシ岳

赤沼
青沼
雌阿寒岳
阿寒富士

フレベツ岳
オンネトー

北海道

0　2km

白銀の水面を船が進む水墨画のような風景

⬆雪景色に鮮やかな赤が映える利賀大橋は遊覧コースのハイライト

▌モノクロの雪景色が広がる峡谷を船でのんびり遊覧する

　富山県西部の砺波市から五箇山まで広がる全長20kmの峡谷。昭和初期までは飛騨から切り出された木材を運搬する水運として利用されていたが、昭和5年(1930)に日本初の高堰堤式ダムが造られた。ダムの湖上では遊覧船が運航されており、四季折々の景色を360度楽しめるのが魅力。特に冬は積雪と、ダム湖特有の透明度の高さにより、墨絵のような美しい景色が広がる。遊覧船の終着地には徒歩や車では行けない温泉旅館もあるほか、世界遺産に登録されている五箇山の合掌造り集落も車で30分ほどの距離にあり、併せて観光するのがおすすめ。

▶おでかけ前に 最新情報！

庄川峡遊覧船
☎0763-82-0220　🗺富山県砺波市庄川町小牧73-5
🕗8:30〜17:05※時期により異なる
🈳無休(荒天時は運休)
💴定期航路2800円、ショートコース1000円
砺波市観光協会　☎0763-33-7666
🗺富山県砺波市宮沢町3-9

● いつ行きますか？

雪景色は12月下旬〜2月下旬

例年雪が降り始めるのは12月下旬〜1月上旬で、白銀の世界を楽しむならクリスマス以降。砺波市はチューリップ球根の国内最大産地。春にはイベントが行われるので、新緑の庄川峡と併せて訪れるのも◎。

● 絶景をめぐるおすすめプラン

雪に彩られた日本の原風景を楽しむ

1日目

午後＊遊覧船でしか行けない秘境宿で古湯を堪能

車で小牧港へ向かい、遊覧船に乗船。30分の船旅を満喫したら大牧港で下船し、宿へ。平安末期からの歴史を持つという温泉を雄大な眺めとともに、内風呂と露天で堪能する。

2日目

午前＊山あいの合掌造り集落を散策

遊覧船で小牧港へ戻り、車で相倉へ。雪に覆われた三角屋根の街並みを歩き、相倉民俗館を見学する。

午後＊散居村に沈むオレンジ色の夕日に感動

相倉から散居村までは車で50分。カイニョと呼ばれる屋敷林を持つ民家が一帯に点在し、農村ならではののどかな風景が広がる。冬季以外は、展望広場からの大パノラマの景色が楽しめる（12月上旬〜3月下旬は展望広場までの道路が封鎖される）。

相倉合掌造り集落 ●あいのくらがっしょうづくりしゅうらく

世界遺産に登録されている合掌造り集落。多種多様な伝統家屋が立ち並び、四季折々さまざまな表情をみせる。

お待ちしています！

砺波を代表する景勝地・庄川峡は新緑、紅葉、冬景色と四季を通じさまざまな姿をお楽しみいただけます。遊覧船は清流庄川の神秘的なエメラルドグリーン、水面を走るさわやかな風を体感できる船上デッキがおすすめです。
砺波市マスコットキャラクター　チューリ君

◆ アクセス 庄川峡へ

●砺波ICから庄川峡まで車で約25分

電車の場合、あいの風とやま鉄道高岡駅から加越能バス庄川町行きなどで約1時間15分、小牧堰堤バス停下車すぐ。車なら砺波ICから国道156・471号を進む。

散居村 ●さんきょそん

平野一帯に屋敷林に囲まれた家屋が散在する独特の景色が広がる。高台から眺める夕景や夜景も美しい。

071 秋田
大曲の花火
◆おおまがりのはなび

　正式名称は「全国花火競技大会」。明治43年(1910)から続く歴史ある花火大会だ。昼と夜の二部に分かれ明るい時間帯に花火が見られるのも特徴で、昼花火の競技が開催されるのは全国でも大曲の花火だけ。夜の部では全国の花火技師たちが花火を打ち上げ評価を競う。また、夏のみならず春・秋・冬にも花火大会を開催する。

◆おでかけ前に 最新情報!
「大曲の花火」実行委員会
📞0187-88-8073
📍秋田県大仙市大曲雄物川河畔 🚃JR大曲駅から徒歩30分 🕐昼花火17:15〜、夜花火18:50〜 💴有料前売・当日券(要確認)

10月実施の「秋の章」の花火。色合いも秋らしい

日本の一流花火技師たちが集い
競技性と美しさが共存

全長900mにわたり途切れなく打ち上がる
フィナーレの花火は圧巻

真夏の夜を彩る華麗な花火大会

東京のビル群と花火が融合
都会だからこそ見られる絶景

072 東京
隅田川
花火大会
◆すみだがわはなびたいかい

　江戸時代に8代将軍徳川吉宗が打ち上げた「両国川開きの花火」を由来とし、約2万発の花火が上がる夏の風物詩。2会場から花火が打ち上げられ、桜橋と言問橋の間の第一会場では、花火コンクールや大迫力のオープニングが、駒形橋と厩橋の間の第二会場では、花火が1時間連続で打ち上がる。

◆おでかけ前に 最新情報!
隅田川花火大会実行委員会
📞03-5246-1111
📍東京都台東区・墨田区隅田川河畔 🚃東京メトロ銀座線／都営地下鉄浅草線／東武スカイツリーライン・浅草駅 🕐19:00〜20:30頃 💴無料
🎆有料ではあるが屋形船でも見られる。スカイツリーと花火のコラボが美しい

5月実施の「春の章」。海外の花火を見ることも

073 北海道 ◆まこまないはなびたいかい
真駒内花火大会

　真駒内セキスイハイムスタジアムで開催される道内最大級の花火大会。音楽・照明・炎にあわせて花火が打ち上げられ、その数1時間で2万2000発。世界で活躍する「丸玉屋」や、内閣総理大臣賞受賞の経験を持つ「紅屋青木煙火店」が打ち上げる花火が見られることも人気の理由。

◆おでかけ前に 最新情報!
真駒内花火大会実行委員会
☎011-841-8166 北海道
札幌市南区真駒内公園3-1
地下鉄・真駒内駅からじょうてつバスで5分、上町1丁目下車、徒歩5分(当日真駒内駅〜会場間シャトルバス運行)
19:50〜20:50頃 有料前売・当日券(要確認)

花火と演出が五感を刺激する
エンターテインメント
フェスティバル

最先端のデジタル技術と花火が合わさり迫力満点の花火が見られる

日本を代表する夏の風物詩・花火大会。職人たちの技術が凝縮され、各地で特色豊かな花火を目にすることができる。

真駒内花火大会　大曲の花火
隅田川
花火大会
長岡まつり
大花火大会

2日間で壮大な花火の数々が夜空を彩る
日本三大花火大会のひとつ

信濃川いっぱいに打ち上がるフェニックス花火

直径650mもの大輪となる「正三尺玉」

074 新潟 ◆ながおかまつりおおはなびたいかい
長岡まつり大花火大会

　昭和20年(1945)の長岡空襲の翌年に復興の意を込めて開催された長岡復興祭が前身。空襲で亡くなられた人々への慰霊や、平和への願いを込めて打ち上げる。新潟県中越大震災の復興を祈願して始まった全長約2kmの超ワイド型スターマイン「復興祈願花火フェニックス」は迫力満点。

◆おでかけ前に 最新情報! 長岡花火財団
☎0258-39-0823 新潟県長岡市長生橋下流信濃川河川敷 JR長岡駅から徒歩30分 19:20〜21:10頃 有料前売・当日券(要確認)

100万人以上を動員する日本屈指の花火大会

霧降高原の鬱蒼とした森の中で、滝の流れがひときわ輝く

🔆水が流れ落ちる場所にある柱状節理の岩肌の黒さが、水の色を引き立てる

ハイキング初心者でも歩きやすく
滝壺で水に触れることもできる

日光三名瀑のひとつとして知られる霧降ノ滝（きりふりのたき）。この滝の上流に位置するマックラ滝は、玉簾の滝、丁字（ちょう）の滝と並ぶ「霧降隠れ三滝」のひとつ。一説によれば、北向きで光が入りにくいことから、地元のハンターらが「マックラ滝」と名付けたといわれている。幅10m、落差30mほどとけっして大きくはないが、水量に恵まれ、周囲の緑と調和した美しい景観をつくり出している。静まり返った森の中に響く水流の音は神秘的だ。滝に向かって右側には、円周が約6mもあるサワグルミの巨木がある。周辺には散策コースがあり、界隈にある滝を巡れるように整備されているので、ハイキング感覚で訪れたい。新緑はもちろん、葉が色づく紅葉の季節もおすすめ。

▶ おでかけ前に 最新情報！

日光市観光協会／日光インタープリター倶楽部
☎0288-22-1525　🏠栃木県日光市今市717-1 道の駅
日光 日光街道ニコニコ本陣 観光情報館

◆ アクセス マックラ滝へ

●東武日光駅／JR日光駅から隠れ三滝入口まで
東武バスで約15分
東武日光駅／JR日光駅から、東武バスの霧降高原行きや大笹牧場行きを利用（運行期間は4月1日〜11月30日）。1日9往復運行。車の場合は日光霧降高原チロリン村に駐車するのが便利だが、夏休みなど利用できない期間は、霧降の滝駐車場を利用するとよい。日光ICから日光霧降高原チロリン村までは、車で15分ほど。

中禅寺湖 ●ちゅうぜんじこ

背後に控える男体山の噴火により生まれた湖。ヒメマスなどの淡水魚が生息し、明治時代には欧米諸国の外交官の別荘が湖畔に建てられた。

玉簾の滝 ●たますだれのたき

ハイキングコースの途中にある霧降隠れ三滝のひとつ。水量が少ない季節、川の流れが簾に似ていたため名の由来となった。新緑時の清らかな流れに癒やされる。

丁字の滝 ●ちょうじのたき

霧降隠れ三滝に含まれる高さ10mほどの滝。水量が多く、滝を目の前で見ることができるので迫力満点。深い森に囲まれており、涼やかな空気が流れる。

お待ちしています!

マックラ滝などの滝巡りや高原散策は、都会の喧騒を忘れてマイナスイオンをたっぷり浴びることができるリフレッシュスポット。自分のペースでゆっくり歩いて森林浴を楽しんでください。霧降隠れ三滝やマックラ滝を巡るツアーを開催していますので、日光の自然や文化の素晴らしさを一緒に体感しましょう!

日光インタープリター倶楽部　須藤和民さん

● 絶景をめぐる おすすめプラン

散策時は日没時間に注意

1日目

午前＊滝巡りをスタート
所要4時間ほどの滝巡りは、丁字の滝、マックラ滝、玉簾の滝の順に訪れる。その後は霧降川に沿って霧降ノ滝を目指す。

午後＊ご当地スイーツを味わう
日光霧降高原チロリン村で休憩ができる。日光天然氷のかき氷やオリジナルスイーツを味わえる。

2日目

午前＊日光山内地区をお散歩
世界遺産である日光東照宮、日光山輪王寺、二荒山神社を見学。時間があれば、二荒山神社の別宮、滝尾神社も訪れたい。

午後＊美しい中禅寺湖へ
ランチに湯波料理を満喫したら中禅寺湖へ。周辺には遊覧船やボート乗り場がある。

霧降ノ滝 ●きりふりのたき

滝は上下2段に分かれていて、下段の滝で水が落ちる際、岩にぶつかり霧状になることから名がついた。紅葉の時季が特に美しい。

● いつ行きますか?

季節ごとに異なる風景を見る
さわやかな空気に包まれた新緑や紅葉の頃がおすすめ。5月中旬～下旬が見頃のトウゴクミツバツツジやシロヤシオ、6月中旬～7月上旬が見頃のニッコウキスゲなど、草花を観察しながら歩きたい。舗装路が多いが、滝周辺などは足場が悪いので注意。冬季は周辺施設が休業に入り、路線バスも運休となる。路面凍結もあるので、無理な見学は控えたい。

日光湯波 ●にっこうゆば

日光のご当地グルメの代表。やわらかくボリュームがあるのが特徴。大豆を加工した食品で、もともとは精進料理や祭礼用に提供されていた。

日光市霧降高原 キスゲ平園地
● にっこうしきりふりこうげん キスゲだいらえんち

赤薙山斜面に広がる標高1300～1600mに広がる高原地帯。ニッコウキスゲの群生地として知られる。

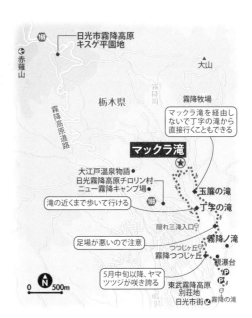

日光市霧降高原
キスゲ平園地

赤薙山

大山

栃木県

霧降牧場

霧降高原道路

マックラ滝を経由しないで丁字の滝から直接行くこともできる

マックラ滝

大江戸温泉物語
日光霧降高原チロリン村
ニュー霧降キャンプ場

滝の近くまで歩いて行ける

玉簾の滝
丁字の滝
隠れ三滝入口
霧降ノ滝

足場が悪いので注意

つつじヶ丘
霧降つつじヶ丘
観瀑台

5月中旬以降、ヤマツツジが咲き誇る

東武霧降高原
別荘地

日光市街　霧降の滝

0 500m

マイナスイオンがあふれる秘境の滝

四季折々に表情を変える熊本屈指の滝

温泉地として知られる小国（おぐに）周辺には、大小数多くの滝があるが、CMなどで話題になったのが鍋ヶ滝だ。約9万年前に阿蘇山が噴火した際、火砕流が川を埋め立ててできた滝といわれている。滝幅20m、落差10mと規模こそ大きくはないが、周囲の緑の美しさと相まって、幻想的な佳景をつくり出している。滝の裏側に空間が広がり、そこから滝を眺めることができる。鍋ヶ滝に向かう途中の石畳にハート形の石がいくつか隠れているので、道中に探してみるのも楽しい。

↑裏から見た鍋ヶ滝

ハートの石 ●ハートのいし

滝に向かう途中にあるかわいらしいハートの石。合計6つあるので探してみよう。

遊歩道は整備されているが滑りやすいため歩きやすい靴か長靴の持参をおすすめ

お待ちしています！

横に幅広い滝で、まるで水のカーテンのよう。マイナスイオンをたっぷり感じることができるよ。ハートの石が隠れているので探してみるとおもしろいよ。
小国町観光キャラクター
おくたん

おでかけ前に最新情報！

鍋ヶ滝
☎0967-46-2113（小国町役場情報課）
🏠熊本県小国町黒渕
🕐9:00〜17:00（最終入園16:30）
休 事前にHPで要確認 料 300円

◆アクセス 鍋ヶ滝へ

熊本空港から鍋ヶ滝まで車で約1時間30分
公共交通機関の場合、JR阿蘇駅から産交バス杜立温泉行きを利用し、道の駅 小国にあるゆうステーションで下車。タクシーに乗り換え約15分で滝の入口に到着する。

● いつ行きますか？

清涼感あふれる夏が人気

新緑が美しい春から夏にかけてがベストシーズン。冬は滝が凍ってつらら状になり美しい。

● 絶景をめぐるおすすめプラン

湯めぐりと併せて計画を立てよう

1日目
午後＊初日は温泉でゆっくり過ごす
熊本空港や阿蘇駅から、直接杜立温泉を目指す。初日は情緒あふれる温泉街を散策したりしてゆっくり過ごす。

2日目
午前＊早い時間に滝を訪れたい
鍋ヶ滝に向けて出発。滝に到着したら、写真を撮ったり、滝の裏側を歩いたりして、美しい滝の流れを満喫。ゆうステーションへと戻る。
午後＊さわやかなそばを食したあとは、人気の黒川温泉へ
地元で評判のそば屋が集まる「そば街道」へ赴き昼食。そこから黒川温泉へ移動する。この日は黒川温泉に滞在して、湯めぐりなどを楽しみたい。

七ツ釜五段の滝

5つの滝と7つの滝壺。連なる落差30mの名瀑

⬆清流が巨大な花崗岩を浸食してできた自然の芸術。秩父多摩甲斐国立公園内の西沢渓谷にある

最深部で待ち構える
渓谷ハイキングのハイライト

　原生林の中を走る清流が大小さまざまな滝や淵をつくり、変化に富んだ景観美を見せる西沢渓谷。その最奥部に構えるのが七ツ釜五段の滝だ。5つの滝と丸い滝壺が階段状に一列に並び、滝壺からあふれ出るようにエメラルドグリーンの清冽な水が流れ落ちる。下2段の滝はそれぞれ落差9m、10mと高さもあり、その姿は優雅にして実にダイナミックだ。秋になると見事に色づいた周囲の木々に白い水しぶきが映え、あたりは神秘的な雰囲気に包まれる。渓谷内には全長10kmのハイキングコースが設けられており、森林浴の高いリラックス効果から「森林セラピー基地」にも認定されている。

おでかけ前に 最新情報!

山梨市役所観光課
☎0553-22-1111
山梨市駅前観光案内所　☎0553-21-8000
🅿 山梨県山梨市上神内川72-7

◆アクセス 七ツ釜五段の滝へ

●山梨市駅から西沢渓谷入口まで山梨市営バスで約1時間
●勝沼ICから西沢渓谷入口まで車で約40分

市営バスは1日6本程度なので、事前に時間を確認しよう。人数が揃えば、山梨市駅からタクシーを利用するのもおすすめ。所要約40分。ゴールデンウィークと夏季、10〜11月の紅葉シーズン、4月中旬〜11月下旬の土・日曜、祝日は塩山駅からもバスが運行、所要約1時間。

二俣吊橋 ●ふたまたつりばし

西沢渓谷と東沢渓谷の合流地点に架かるスリル満点の吊り橋。長さ約100m、高さは30mで、右手に鶏冠岳を望める。ここから見るブナやミズナラ、カエデなどの周囲の木々が色づく秋の風景は絶景。

三重の滝 ●みえのたき

3段にわたって流れ落ちる、全長約8mの滝。西沢渓谷入口から徒歩約1時間ほどで到達できる。

恵林寺 ●えりんじ

武田信玄の菩提寺として知られる名刹。元徳2年(1330)に夢窓国師が開山。国指定名勝でもある本堂裏の池泉回遊式庭園が特に有名。武田信玄の兜や軍配団扇などの宝物も所有している。

勝沼ワイナリー巡り ●かつぬまワイナリーめぐり

海外でも注目される甲州ワインを飲み比べ。勝沼は、約30のワイナリーを抱えるワイン王国山梨県の中心地。各ワイナリーでは、工場見学とワインの試飲などが楽しめるツアーを催行している。

● いつ行きますか?

渓谷美が最高に高まる秋

4月29日の山開きとともに、シャクナゲの群落が一斉に花をつける。5月下旬〜6月中旬は新緑が美しい。秋にはカエデやブナなどの紅葉が見られる。12月1日〜4月28日までは入山不可。渓谷を鮮やかに彩るシャクナゲの見頃は5月上旬〜中旬、紅葉は10月下旬〜11月上旬がおすすめ。

● 絶景をめぐる おすすめプラン

のんびり森林浴ハイキング

1日目

午前＊西沢渓谷入口から
　　　周回コースを歩き始める

往路は滝や奇岩を眺めながら、渓流沿いに上っていく。西沢渓谷入口から七ツ釜五段の滝までは約2時間。

午後＊旧森林軌道からの
　　　滝の眺望も楽しんで

復路は旧森林軌道(トロッコ道)を歩く。ハイキング後は西沢渓谷からほど近い川浦温泉へ移動し宿泊。

2日目

午前＊四季の花々が美しい
　　　近郊の古刹を見学

武田信玄にまつわる宝物を所蔵する恵林寺や重要文化財の三仏像で知られる放光寺、また、春先なら、しだれ桜が見事な慈雲寺へ足をのばそう。

午後＊勝沼に点在するワイナリーへ
　　　立ち寄る

勝沼町にあるワイナリーの数は約30軒で、その多くで見学が可能。ワイナリーで各種ツアーに参加し、夕方帰路につく。

広瀬湖 ●ひろせこ

西沢渓谷下流にあるダム湖。隣接する公園の展望テラスから湖や奥秩父山系を望むことができる。

お待ちしています!

西沢渓谷開発の父は文学博士である田辺重治先生です。エメラルドグリーンの美しい「三重の滝」や「七ツ釜五段の滝」は圧巻。この渓谷が紅葉に染まる10月下旬〜11月上旬の体感は最高です。

西沢渓谷ガイドの会 会長
佐藤一亜喜さん

※2021年8月現在、土砂崩れのため三重の滝以降は通行止め。詳細は山梨市観光協会HPを要確認

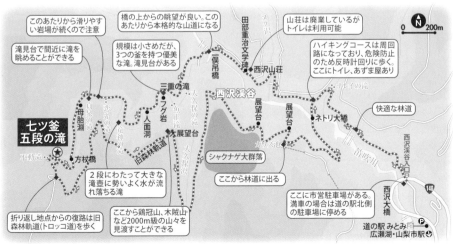

078
姥ヶ滝
荒々しい岩肌に沿って落ちる白く輝く水の流れ

■自然豊かな林道に現れる　美しく繊細な滝

　石川県と岐阜県を結ぶ白山白川郷ホワイトロードにある滝のひとつ。荒々しい岩の上を無数の白い水流が滑り落ちる。そのさまは実にダイナミックで美しく、「日本の滝百選」にも選ばれている。この水流が老婆の白髪に見えることがこの滝の名の由来。林道が有する数々の美景とともに、ドライブで楽しみたい絶景スポットだ。

▶おでかけ前に 最新情報！
白山市観光連盟　☎076-259-5893
🏠 石川県白山市鶴来本町4又85

●いつ行きますか？
紅葉の時季か増水時に
おすすめのシーズンは10月下旬〜11月上旬。美しい紅葉とともに楽しめる。紅葉が終わる11月中旬〜6月上旬は、積雪により通行止めになるため、滝の見学も不可。滝の迫力が増すのは、雪解けの季節や降雨のあとなど、川が増水しているとき。逆に、好天が続くと水量が少なくなり見応えに欠ける。なお、夜間は通行止め。

ふくべの大滝 ●ふくべのおおたき
落差約86m、増水時には水しぶきが道路や観瀑台まで届くこともあるダイナミックな大滝。

©白山市観光連盟

⬆岩を滑り落ちてきた水流が滝壺に降り注ぐ。
その清らかな水の流れは心が洗われるよう

お待ちしています!
姥ヶ滝がある白山白川郷ホワイトロードは、石川県白山市と岐阜県白川村を結ぶ33.3kmの絶景ドライブコースです。ホワイトロード内にはトレッキングコースがいくつもあり、こちらも人気ですよ!
白山市観光連盟のみなさん

● 絶景をめぐるおすすめプラン

歴史ある街と雄大な自然

1日目
午後 ＊ 金沢に到着、市内観光へ
観光の起点は金沢。金沢駅に到着したら、近江町市場で海鮮ランチ。その後、金沢城公園や兼六園など歴史的な名所をまわる。

2日目
午前 ＊ レンタカーで姥ヶ滝までドライブ
金沢で車を借りて、姥ヶ滝を目指す。途中、白山をご神体とする白山比咩(しらやまひめ)神社、約8kmにわたって断崖が続く手取峡谷を観光。
午後 ＊ 姥ヶ滝や白山を見て白川郷へ
白山白川郷ホワイトロードに入り、しりたか滝などの自然美を巡る。蛇谷園地駐車場に着いたら車から降りて姥ヶ滝まで散策。滝を観賞したあとは再びドライブ。白山展望台から雄々しい白山の姿を眺めて、世界遺産の合掌造り集落・白川郷へと向かう。

◆ アクセス 姥ヶ滝へ

● 白山ICから中宮料金所まで車で約1時間10分
　中宮料金所から蛇谷園地駐車場まで車で約8分

岐阜県側から行く場合は、白川郷ICから車で約10分の馬狩料金所から白山白川郷ホワイトロードに入り、蛇谷園地駐車場まで約40分。

079
宮崎 たかちほきょう
高千穂峡
日本神話ゆかりの地に降り注ぐ神秘の滝

⊕昭和9年(1934)、国の名勝・天然記念物に指定された。滝見台ポイントから真名井の滝を見下ろす

山の谷間に太古の歴史が残る
国の名勝・天然記念物

阿蘇山の火山活動によって噴出した火砕流が五ヶ瀬川へ流れ出し、長い時間をかけて浸食されてできた峡谷。高い場所では100m、平均して80mの崖が東西に約7km延びる。溶岩が冷却固結した際に角柱状になった柱状節理の断崖は見る者を圧倒する。

峡谷内のシンボルは落差約17mの真名井の滝。天孫降臨の際、この地に水がなく天村雲命が「水種」を移したという「天真名井」の水が水源となったと伝わる。神々しく輝く水が五ヶ瀬川に光が差し込むかのように流れ落ちるさまは、貸しボートを使って間近で眺めたい。また、滝見台のある遊歩道も整備されており、滝を見下ろすこともできる。

お待ちしています！

神話と伝説の町、高千穂町には見どころがたくさんあります。神々をお祀りする神社や、緑豊かな風景、自然がつくり出した絶景が訪れる人の心を癒やしてくれます。
高千穂町観光協会　丹波由香さん

おでかけ前に 最新情報！

高千穂町観光協会
☎0982-73-1213
🏠宮崎県高千穂町三田井809-1

● 絶景をめぐるおすすめプラン

パワースポットを巡る旅

1日目
午前＊熊本空港からのどかな道を走る
空港からレンタカーで高千穂を目指し、まずは高千穂神社に詣でる。事前に予約したボートの予約時間まで、高千穂発祥とされる流しそうめんを堪能。

午後＊手漕ぎのボートで眼前に迫る滝へ
貸しボートに乗って真名井の滝を見上げる。その後は歩いて断崖の高千穂峡を見下ろしてみる。夏限定の滝のライトアップを堪能したあとは道の駅 高千穂に立ち寄り宿へ。

2日目
午前＊神話に登場する天岩戸神社へお参り
天岩戸神社に参拝し、石を積みながら願いを込めると叶うとされる天安河原で石積みにトライ。高千穂盆地が一望できる国見ヶ丘へ立ち寄る。

午後＊1kmにおよぶ原酒を寝かせたトンネル貯蔵庫へ
高千穂観光物産館 トンネルの駅で地酒や工芸品を見る。

仙人の屏風岩 ●せんにんのびょうぶいわ

ボート乗り場からこの柱状節理の断崖群、上流の神橋までが峡谷の見どころ。

高千穂神社 ●たかちほじんじゃ

高千穂郷八十八社の総社、高千穂神社。境内に祀られる夫婦杉は縁結びなどの御利益がある。

国見ヶ丘 ●くにみがおか

雲海の名所として有名。霧が高千穂盆地や、周囲の山々を覆い隠し、墨絵のような世界を演出する。

● いつ行きますか？　周辺散策と併せたプランを

青々と生い茂る新緑や、峡谷が赤く染まる紅葉の時季がベスト。ただし、繁忙期はボート乗船に2～3時間待つこともしばしば。事前にネット予約するのもよい。秋ならば近郊にある国見ヶ丘から望む雲海もおすすめだ。雲海が発生しやすいのは10月～11月下旬の早朝。

◆ アクセス 高千穂峡へ

●蔵田ICから高千穂峡まで車で約40分
●熊本空港から高千穂峡まで車で約1時間30分
車の場合、宮崎方面からは北方延岡道路・北方ICを下り国道218号で約40分。熊本方面からは阿蘇の雄大な眺めとともにドライブが楽しめる。博多駅から高千穂バスセンターまで高速バスが運行。

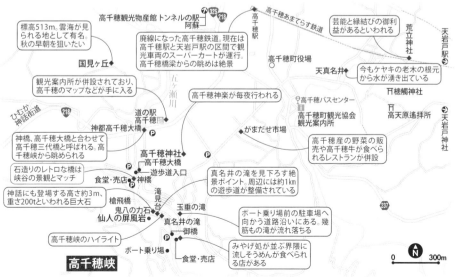

標高513m。雲海が見られる地として有名。秋の早朝を狙いたい

国見ヶ丘◆

高千穂観光物産館 トンネルの駅 阿蘇

廃線になった高千穂鉄道。現在は高千穂駅と天岩戸駅の区間で観光車両のスーパーカートが運行。高千穂橋梁からの眺めは絶景

高千穂あまてらす鉄道

高千穂駅

芸能と縁結びの御利益があるといわれる

荒立神社

天岩戸駅◆

高千穂町役場

今もケヤキの老木の根元から水が湧き出ている

天真名井

穂觸神社

高千穂バスセンター
高千穂町観光協会
観光案内所

観光案内所が併設されており、高千穂のマップなどが手に入る

五ヶ瀬川

道の駅 高千穂

高千穂神楽が毎夜行われる

高天原遥拝所

ひむか神話街道

神都高千穂大橋

がまだせ市場

天岩戸神社◆

神橋、高千穂大橋と合わせて高千穂三代橋と呼ばれる。高千穂峡から眺められる

高千穂神社

高千穂産の野菜の販売や高千穂牛が食べられるレストランが併設

高千穂大橋

石造りのレトロな橋は峡谷の景観とマッチ

遊歩道入口

食堂・売店 神橋

真名井の滝を見下ろす絶景ポイント。周辺には約1kmの遊歩道が整備されている

神話にも登場する高さ約3m、重さ200tといわれる巨大石

滝見台

槍飛橋
鬼八の力石
仙人の屏風岩

玉垂の滝

真名井の滝

御橋

ボート乗り場前の駐車場へ向かう道路沿いにある。幾筋もの滝が流れ落ちる

高千穂峡のハイライト

ボート乗り場◆

食堂・売店

みやげ処が並ぶ界隈に流しそうめんが食べられる店がある

高千穂峡

N
0　　　300m

080

北海道　◆そううんきょう
層雲峡

長い年月を刻む峡谷とさわやかな清流

お待ちしています！

アイヌ民族が「カムインミンタラ（神々の遊ぶ庭）」と呼んだ層雲峡。歴史が刻まれた緑あふれる峡谷と、凛とした空気が流れる絶景が待っています。散策後は層雲峡温泉の湯めぐりや、ブランド豚など地元グルメを味わうのも楽しいですよ。黒岳ロープウェイの駅舎には、アウトドアブランドColumbiaのショップが併設された素敵なカフェがあるので、ぜひ立ち寄ってみてください。層雲峡観光協会　入川唯さん

↑高くそびえる荒々しい岩肌から流れ落ちる銀河の滝

大雪山国立公園を流れる 石狩川のダイナミックな峡谷美

大雪山の麓に流れる石狩川流域に広がる峡谷。峡谷入口にはアイヌ語で「ソウンペッ」と呼ばれる双雲別川があり、名称の由来となっている。大雪山の噴火により堆積した凝灰岩が、石狩川によって浸食されたことにより形成されており、大函・小函は高さ約200mの柱状節理の断崖を目の前で見学できる。

周辺にそびえる大雪山は、北海道のほぼ中心に位置する山で、大雪山層雲峡・黒岳ロープウェイを利用して大雪山黒岳の5合目まで上ることができる。リフトで7合目まで目指すこともでき、眼下に眺める層雲峡温泉街や渓流、高山植物や生き物などに出会える。

おでかけ前に 最新情報！

層雲峡観光協会　☎01658-2-1811
所 北海道上川町中央町605 森のテラス ヌプリ

◆アクセス 層雲峡へ

●旭川空港から層雲峡まで車で約1時間30分
層雲峡までの電車はなく、旭川駅から道北バスで約2時間。バスの運行本数は1日約7本（時期により異なる）。

星空 ●ほしぞら

澄み渡る空には、天の川や輝く無数の星、星明かりを受けて輝く雲など、まるで宝石のような星空が見られる。

黒岳の雲海 ●くろだけのうんかい

夏の早朝は、幻想的な雲海を眺められる。大雪山層雲峡・黒岳ロープウェイの早朝便「おはようロープウェイ」に乗車し、約7分で絶景に出会えると人気。

● いつ行きますか？

気候が穏やかな春から夏に訪れたい

層雲峡の峡谷美は春から夏にかけてがおすすめ。特に7〜8月は石狩川の水量が比較的多く、木々が生い茂る大自然を目の前にできる。大雪山などの山々では、高山植物で埋め尽くされた美しい絶景を見ることができる。

● 絶景をめぐるおすすめプラン

緑豊かな大自然とさわやかな峡谷を巡る

1日目
午後＊大函で層雲峡の峡谷美を堪能
層雲峡いちばんの絶景スポットである大函を訪れたい。峡谷沿いに点在する滝も見どころのひとつ。夜は層雲峡温泉に宿泊を。

2日目
午前＊ロープウェイから雲海を望む
軽装で大雪山登山を叶えるなら大雪山層雲峡・黒岳ロープウェイが便利。運が良ければ黒岳で雲海を眺めることができ、日中の美しい山並みや高山植物、秋の紅葉もおすすめ。
午後＊ラフティングなどアクティブに楽しむ
層雲峡周辺では石狩川のラフティングや周辺のサイクリングなどを楽しめる。川上町菊水にある大雪つりぼりでは、釣竿の貸し出しを行っており、釣りはもちろん釣った魚を調理して食べることもできる。

層雲峡温泉氷瀑まつり ●そううんきょうおんせんひょうばくまつり

1月下旬〜3月中旬に開催されるイベント。滝も凍る寒さを生かして作った氷像は、カラフルなライトアップとともに幻想的な世界を作りあげる。

大函 ●おおばこ

柱状節理の巨大な岩壁が、屏風のように整列して並ぶ絶景スポット。特に新緑の春から水量の多い夏が美しく、壮大で力強い峡谷美を一望できる。

081 霧幻峡の渡し

山水画を思わせる霧の渓谷を静かに小舟が進む

撮影するために、舟を貸し切りにする写真愛好家もいるという人気ぶり
（写真:奥会津郷土写真家 星賢孝）

奥会津のありし日の日常が現代人の心をひきつけた

奥会津の緑深い只見川沿い、霧に包まれた川面を小舟が進む幽玄な風景が近年話題になっている。かつてこの地にあった三更集落では、渡し舟が日常的に使われていたが、大規模な土砂崩れで廃村となり見られなくなっていた。2010年に三更集落出身の写真家・星賢孝氏が中心となり観光用に復活させた。春から秋にかけて予約制で運航していて、旧三更集落の散策とともに楽しむことができる。川霧は尾瀬の雪解け水を源流とする水温が低い川と、大気の気温差によって発生するため、夏によく見られる。

三更舟着き場 ●みふけふなつきば

JR早戸駅とは対岸の渓谷にあり、川面や湯の上場崖（ゆのかみばっけ）を一望できる（写真:奥会津郷土写真家 星賢孝）。

お待ちしています！

夏の霧もいいですが、渓谷を彩る紅葉の時季もおすすめです。タイミングが合えば船上からJR只見線の撮影をすることもできますよ。
霧幻峡船頭　星賢孝さん

■ おでかけ前に　最新情報！

金山町観光物産協会（平日）　☎0241-42-7211
🏠 福島県金山町川口森ノ上473
金山町観光情報センター（土・日曜、祝日）　☎0241-54-2855
🏠 福島県金山町川口森ノ上508-1（会津川口駅構内）

◆ アクセス　霧幻峡へ

●会津若松駅から早戸駅までJR只見線で約1時間30分
早戸駅に発着するJR只見線は1日6本。そのうち早朝の2便と昼に会津若松を出発する3本が利用できる。車では、磐越自動車道・会津坂下ICから国道252号経由で約35分。

● いつ行きますか？

4〜11月に渡し舟は運航。霧の渓谷は夏に

渡し舟が運航しているのは、例年4〜11月。6〜9月にかけての夏場の早朝と夕方に川霧が発生しやすい。美しい紅葉が渓谷を染める10月中旬〜11月上旬もおすすめ。

● 絶景をめぐるおすすめプラン

歴史ロマンに満ちた街から山深い奥会津へ

【1日目】
午前＊会津若松の名所を巡る
堂々たる鶴ヶ城や白虎隊ゆかりの飯盛山などを観光。会津若松泊。

【2日目】
午前＊只見線の車窓の風景を楽しむ
JR只見線に乗車し、早戸駅へ向かう。豊かな自然に恵まれた奥会津の美しい風景が車窓を流れる。
午後＊渡し舟で幻想的な世界を満喫
渡し舟に乗船。帰路につく前に早戸温泉でひと休みもおすすめ。

お泊まり情報　霧幻峡周辺には早戸温泉があるが宿は多くないので、喜多方や会津若松を旅の拠点にするのがおすすめ。

187

宝石のような輝きを放つ冷たく澄み渡る水の美しさ

エリア随一の仁淀ブルーはここ
水音までも透明な神秘のスポット

　西日本最高峰である石鎚山系の森から流れてくる安居川は、その透明なコバルトブルーの水で一躍有名になった仁淀川の上流にあたる。この川を取り囲むようにして、渓谷は四季折々の彩りを帯びて目にも鮮やかな自然美を絶え間なく見せてくれる。日の光にきらめき水晶のような輝きを放つ、仁淀ブルーと名付けられた青い透き通った清流。場所や時間帯によって水の色が青や緑に変化し、どの仁淀ブルーに出会えるかも楽しみのひとつだ。渓谷には数多くの滝や淵があり、見どころが多いのも魅力。

にこ淵 ●にこぶち

水神様の化身の大蛇が棲むといわれている神聖な場所。

お待ちしています！

過去10年間で8回、水質日本一に選ばれた仁淀川は、自然とふれあうアクティビティ、キャンプ場、見どころのある沈下橋など楽しみがいっぱいです。

仁淀ブルー観光協議会のみなさん

上流の渓谷は県下随一の紅葉スポットでもある

おでかけ前に 最新情報！

仁淀ブルー観光協議会　☎0889-20-9511
🅟 高知県佐川町乙2060-2

◆アクセス 安居渓谷へ

●伊野ICから安居渓谷まで車で約1時間

安居渓谷は車でのアクセスが便利。伊野ICから国道439号経由、安居川沿いの県道362号を北上する。県道362号は狭い道が続くので運転に不安がある場合はタクシーを使用したい。

● いつ行きますか？

太陽の光が強い夏から紅葉の秋がベスト

四季を通じて表情の異なる透明な水と渓谷の自然のコントラストが楽しめるが、いちばんの狙い目は夏から秋の紅葉の時季。日の光が強いと水のきらめきがよりいっそう映え渡る。

浅尾沈下橋 ●あそおちんかばし

数々の映画やドラマのロケ地にもなった全長121ｍの橋。

中津渓谷 ●なかつけいこく

「壮大な水の森」と呼ばれダイナミックな風景が広がる。

● 絶景をめぐるおすすめプラン

自然と森林浴、水遊びも楽しめる自然を巡る

1日目

午前＊ダイナミックな水量の大自然を満喫
まずは中津渓谷へ。迫力満点の散策は所要時間約1時間ほど。

午後＊仁淀ブルーを堪能したら近くの旅館で一泊
道中、食事処で川魚の地元料理のランチ。仁淀ブルーの聖地、安居渓谷へ向かう。散策所要時間は約1時間30分。

2日目

午前＊映画のロケ地を見に行こう
浅尾沈下橋は地元の生活道。鮎釣りのメッカでもあるので橋の人出が少ない午前が狙い目。

午後＊国道と県道経由で神聖な仁淀ブルーを目指す
道の駅 土佐和紙工芸村「くらうど」QRAUDで昼食をとりながら、にこ淵を目指す。急階段があるので歩きやすいもので出かけたい。

菊池渓谷

木々の緑を縫って水流に差し込む光の通り道

渓谷沿いの遊歩道を奥へ進むと開放的な広河原に出る。太陽の光が筋になって見える「光芒」が見られるときは、絶好の撮影スポットになる

阿蘇で磨かれた水が湧く渓谷は熊本の米作りを支える地域の原点

阿蘇外輪山北西部の標高500〜800mに位置し、湧出した阿蘇外輪山の伏流水により、大小さまざまな滝、瀬、渕が形成されている。夏でも水温は平均14℃で、涼をとるのに最適な場所だ。入口ゲートから広河原まで遊歩道が整備されており、変化に富んだ渓谷美を気軽に楽しめる。緑や赤に色づく天然の広葉樹と渓流が織りなす風景もまた見事。

渓谷は有明海に流れていく菊池川の源流地域にあたり、良質な水は流域に豊かな土壌をもたらしてきた。江戸時代には将軍への献上米にもなるほど、古くより菊池川流域は米どころとして高い評価を得ている。

お待ちしています!

菊池渓谷は名水百選など4つの日本百選に選ばれていて、菊池市を代表する景勝地です。四季を通して異なる表情を見せてくれますので、いつ訪れても楽しめます。みなさまのお越しを心からお待ちしています。
菊池渓谷を美しくする保護管理協議会
森さん(左)、後藤さん(中)、原本さん(右)

◆アクセス 菊池渓谷へ

● 熊本駅から菊池温泉まで熊本電鉄バスで約1時間30分
● 熊本空港から肥後大津駅まで空港ライナーで約15分。九州産交バスに乗り換えて菊池温泉まで約45分

渓谷までは温泉街から出ているきくち観光あいのりタクシーを利用する。事前予約が必要で片道約30分900円。土・日曜、祝日、GW期間のみ1日4便の運行だ。車でのアクセスでも問題ない。

黎明の滝 ●れいめいのたき

霧状の水しぶきが飛び、陽光に照らされる様子が、夜明けの露を連想させることから「黎明」の名がついた。菊池渓谷を代表する滝のひとつ。

四十三万滝 ●よんじゅうさんまんたき

一日の平均水量が43万石(約7.8tや)、ある景勝地募集の企画で43万票を集めて1位になったなど、名前の由来は諸説存在する。日本の滝百選に選出。

包岩槻 ●ほうがんけやき

四十三万滝近くの歩道沿いに立つケヤキ。阿蘇山噴火での噴石を包み込んだ木の根が、浸食により地表に出てきたという。

天狗滝・竜ヶ渕 ●てんぐだき・りゅうがふち

落差8mの天狗滝には、昔、修験者が身を清めに来ていた。竜ヶ渕の名前の由来はかつて龍が棲んでいたという伝説から。

● いつ行きますか?

光芒を狙うなら夏の早朝に。
紅葉の絨毯が広がる秋も趣深い

出会えたら幸運な光芒。シーズン中は、その風景を見ようと朝早くから待つ人も多い。11月には紅葉の見頃を迎え、黎明の滝近くの紅葉ヶ瀬(写真)では川岸が色づいた葉で埋め尽くされる。

● 絶景をめぐるおすすめプラン

熊本市の観光名所と菊池温泉のセットで訪れる

1日目
午後＊熊本城天守閣から街を一望し、菊池温泉の宿へ
2016年の震災からの復興が続く熊本城をはじめ、熊本市街の名所を巡る。その後、菊池市に向かい、温泉宿で一晩過ごす。

2日目
午前＊朝ならではの澄んだ空気に満ちた渓谷を歩く
ビジターセンターで情報収集をして、小鳥のさえずりが響く菊池渓谷へ。広河原との往復2kmを1時間30分ほど歩く。
午後＊菊池市中心部で歴史散策や名物グルメを満喫
中世に活躍した菊池氏一族ゆかりのスポットを巡ろう。ブランド肉や地元産の野菜を使った料理をいただいて熊本市街へ戻る。

▶ おでかけ前に 最新情報!

菊池渓谷　☎0968-27-0210(4/1〜11/30、8:30〜17:00)　🏠熊本県菊池市原5026　※協力金200円(高校生以上)、12〜3月は無人、ペットは入谷不可
菊池渓谷を美しくする保護管理協議会
☎0968-25-7223　🏠熊本県菊池市隈府888
きくち観光あいのりタクシー　☎0968-26-5022

写真提供：菊池市役所

お泊まり情報　熊本駅からのバスの終着点から徒歩圏内に多彩な温泉旅館やホテルが集まる。菊池温泉は美人の湯として定評がある。

⬆黒部川に架けられた真っ赤な新山彦橋を走るトロッコ電車。車窓から眺める峡谷の紅葉が美しい

トロッコ電車に揺られて片道1時間20分の秘境旅へ

　山頂と川面の落差が1500〜2000mにもおよぶ日本有数の深さを誇るV字谷。黒部川を縫うように走るトロッコ電車は黒部峡谷観光のハイライトだ。宇奈月から欅平までの全長20.1kmを平均時速16kmのゆったりとしたスピードで走り、41本のトンネルと21本の橋をスリル満点で渡っていく。エメラルドグリーンの宇奈月湖、鐘釣駅手前にある錦繍関など、移り変わる車窓からの景色はどれも美しく、トロッコをいったん降りて自然散策を楽しむのもよい。峡谷沿いに建つ温泉宿から眺める景観も素晴らしい。

お待ちしています！

トロッコ電車の駅は全部で10あって、観光客が降りられるのは黒薙駅、鐘釣駅、欅平駅。この3駅の周辺にはそれぞれ温泉があって、秘湯めぐりがおすすめだ。春先や秋は肌寒いので防寒具を用意しよう。

くろべえ＆でんちゃー（黒部峡谷鉄道のマスコットキャラクター）

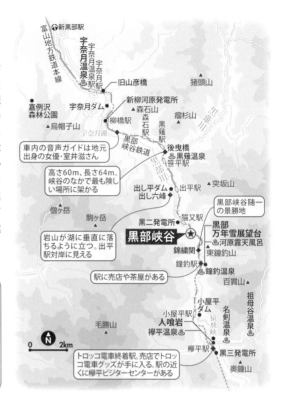

車内の音声ガイドは地元出身の女優・室井滋さん

高さ60m、長さ64m。峡谷のなかで最も険しい場所に架かる

黒部峡谷随一の景勝地

岩山が湖に垂直に落ちるように立つ。出平駅対岸に見える

駅に売店や茶屋がある

トロッコ電車終着駅。売店でトロッコ電車グッズが手に入る。駅の近くに欅平ビジターセンターがある

車窓からの眺め ●しゃそうからのながめ

客車からはいくつもの橋やトンネルを抜けながら、開放感あふれる美しい景観が堪能できる。車内放送で見どころの案内を行っている。

●客車は全部で3種類。窓のない普通客車（写真）やゆったり座れるリラックス客車などユニーク

宇奈月温泉 ●うなづきおんせん

黒部川上流にある黒薙温泉を源泉とする一大温泉街。弱アルカリ性で肌にやさしい「美肌の湯」としても知られる。温泉街には2つの足湯があり、気軽に楽しめる。

黒部万年雪展望台
●くろべまんねんゆきてんぼうだい

百貫山に降った雪が谷に堆積した万年雪。例年6月頃までは雪の量が多く、新緑とのコントラストが美しい。

人喰岩 ●ひとくいいわ

欅平にある人気スポット。岩壁をえぐりとられた歩道で、くぐって歩く様子が人を飲み込むように見える。

おでかけ前に 最新情報！

黒部峡谷トロッコ電車
☎0765-62-1011（営業センター）
🏠富山県黒部市黒部峡谷口11
🕐7:57（宇奈月駅発）〜16:43（欅平駅発）
※時期により異なる 🈳12月初旬〜4月上旬
💴宇奈月〜欅平間片道1980円（大人）
（特別車両は＋370円、リラックス車両は＋530円）
欅平ビジターセンター☎0765-62-1155
🏠富山県黒部市黒部奥山

◆ アクセス 黒部峡谷へ

◎新黒部駅から宇奈月温泉駅まで富山地方鉄道本線で約30分
◎黒部ICから宇奈月温泉駅まで車で約20分

富山駅から向かう場合、電鉄富山駅から宇奈月温泉駅まで富山地方鉄道本線で約1時間50分。トロッコの始発駅、宇奈月駅へは富山地方鉄道本線の宇奈月温泉駅から歩いて5分ほど。

●いつ行きますか？

トロッコは期間限定の運行

トロッコ電車の運行期間は除雪作業が完了する4月中旬から11月30日まで。欅平や鐘釣周辺の野趣あふれる温泉宿もこの期間のみの営業。ベストシーズンは10月中旬〜11月中旬の山あいが最も色づく紅葉の時季だが、新緑と清流が心地よい初夏もおすすめだ。

●絶景をめぐるおすすめプラン

トロッコで非日常の空間が広がる黒部川の深部へ

1日目
午前＊黒部峡谷に到着！トロッコに乗り込む
新黒部駅から富山地方鉄道本線で宇奈月温泉駅へ。予約しておいたトロッコの出発時刻を待ち、乗車する。
午後＊欅平駅でトロッコを降り、歩いて自然散策
宇奈月駅から終点の欅平駅までは1時間20分の旅。車窓に広がる峡谷美をゆっくり味わいたい。降車後は、欅平温泉の足湯、人喰岩などを周遊。峡谷沿いの温泉宿に宿泊。

2日目
午前＊一年中溶けない万年雪を間近で見学
欅平から宇奈月へ戻る際に、鐘釣で途中下車し、黒部万年雪展望台や鐘釣河原など、見どころを満喫。宇奈月へ引き返す。
午後＊宇奈月のやまびこ遊歩道から見る絶景へ
旧山彦橋から宇奈月ダムまで続くやまびこ遊歩道を散策したあとは、魚津のしんきろうロードへ。

100mを超える断崖絶壁がつくる深山幽谷の世界を舟上から満喫

四季彩に縁どられてほとばる渓谷・峡谷

猊鼻渓

⬆清涼感漂う深緑の季節。荒々しい岩肌と木々のコントラストが美しい。透き通った水の中には川魚の姿も

⬆無骨な岩壁が最も鮮やかに彩られる季節。渓谷の錦秋は平地よりひと足先にやってくる

⬆「こたつ舟」が行き交う冬の猊鼻渓。雪の静けさとモノトーンの風景は書画の中の世界のよう

葉音と鳥のさえずりが静かに響き 船頭の舟歌が旅情を誘う

岩手県南部、世界遺産の平泉（ひらいずみ）にほど近い山中にあり、大正14年(1925)に同県で初めて国指定の名勝となった風光明媚な渓谷。石灰岩が浸食されてできた約2km続く断崖絶壁は高さ100mにもおよび、季節ごとに装いを変える木々や可憐な花々が岩間を覆う。豪壮な岩肌とは対照的に砂鉄川の川面は穏やかで、観光客を乗せて渓谷を往復する舟下りが名物。「げいび追分（おいわけ）」の歌声とともに一本の棹（さお）で舟を自在に操る船頭が、自然や見どころについて解説してくれる。往復1時間半ほどの舟旅だが、次々と目の前に現れる奇岩がつくる眺望は見飽きることがなく、四季折々に豊かな表情に出会える。

猊鼻渓イベント舟
●げいびけいイベントぶね

毎年12～2月には、こたつで暖をとりながら舟下りができる「こたつ舟」が運航。予約すれば名物の「木流し鍋」や釜めしのコース料理も注文できる。

● いつ行きますか？

猊鼻渓舟下りは通年運航あり
四季折々の絶景を堪能できる

藤の花が映える春、深緑が涼をもたらす夏、紅葉の秋、水墨画のような雪景色の冬と、どの季節に訪れても楽しめる。初夏には運が良ければ川から霧が立ち上る幻想的な光景に出会える。

■ おでかけ前に 最新情報！

猊鼻渓舟下り
☎0191-47-2341（げいび観光センター）
🏠岩手県一関市東山町長坂町467　🕐8:30～16:30
※時間により異なる　🚫荒天時　💰1800円
一関市観光協会　☎0191-23-2350
🏠岩手一関市駅前1 商工会館1F

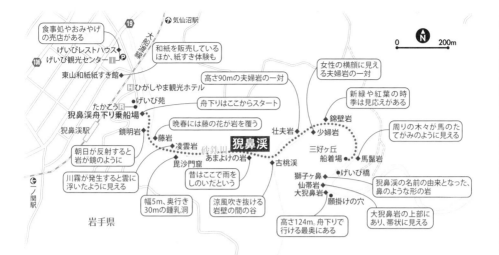

食事処やおみやげ
の売店がある
けいびレストハウス
けいび観光センター
東山和紙紙すき館
和紙を販売している
ほか、紙すき体験も
ひがしやま観光ホテル
高さ90mの夫婦岩の一対
たかこう　げいび苑
猊鼻渓舟下り乗船場
舟下りはここからスタート
猊鼻渓駅　鏡明岩
晩春には藤の花が岩を覆う
朝日が反射すると
岩が鏡のように
藤岩　凌雲岩
一ノ関駅
川霧が発生すると雲に
浮いたように見える
毘沙門窟
昔はここで雨を
しのいだという
幅5m、奥行き
30mの鍾乳洞
涼風吹き抜ける
岩壁の間の谷
岩手県
壮夫岩
古桃渓
猊鼻渓
あまよけの岩
女性の横顔に見え
る夫婦岩の一対
新緑や紅葉の時
季は見応えがある
錦壁岩
少婦岩
三好ヶ丘
船着場
獅子ヶ鼻
仙帯岩
大猊鼻岩
げいび橋
願掛けの穴
周りの木々が馬のた
てがみのように見える
馬鬣岩
猊鼻渓の名前の由来となった、
鼻のような形の岩
大猊鼻岩の上部に
あり、帯状に見える
高さ124m。舟下りで
行ける最奥にある

◆アクセス 猊鼻渓へ

●一ノ関駅から猊鼻渓駅までJR大船渡線で約30分
●一関ICから猊鼻渓まで車で約25分
車の場合、世界遺産・平泉からは25分ほどの距離。乗船場やレスト
ハウスの周辺に駐車場がある。平泉駅からは岩手県交通バスが2
時間に1本程度運行している(火・水曜、冬季運休)。

●絶景をめぐるおすすめプラン

平泉と組み合わせた計画を

1日目

午後＊一ノ関駅から猊鼻渓へ向かう
東北新幹線で一ノ関駅に到着後、JR大船渡線に乗り換えて猊鼻
渓駅へ。乗船場やレストハウスは歩いてすぐ。

午後＊舟下りを楽しみ、一関を観光
レストハウスで昼食をとったら、舟下りへ出発
(往復約1時間半)。一関市街へ戻り、城下町
を散策。名物の餅料理を食べ、周辺に宿泊。

2日目

午前＊世界遺産・平泉の主要スポットを巡る
鉄道を使って平泉へ。中尊寺、毛越寺の2大寺院は訪れたい。町
内は巡回バスが走っているので移動に活用しよう。駅からレンタサ
イクルも利用できる。
午後＊厳美渓でもうひとつの渓谷美を体感
平泉駅からJR東北本線で一ノ関駅へ。バスに乗り換え厳美渓へ。

厳美渓 ●げんびけい
急流から翡翠色の緩流ま
で、変化に富んだ景観が
およそ2kmにわたって続く。
対岸からロープをつたっ
て運ばれてくる名物「空飛
ぶだんご」も購入したい。

⊕勇壮な姿で見る者を圧倒する覚円峰。その昔、覚円という僧が頂上で修行をしたと伝えられる

奇岩と清流がつくり出す景勝地ですがすがしい渓谷ウォーキング

金峰山の南麓から流れ出る荒川が、花崗岩を浸食してつくり上げた日本屈指の渓谷。甲府駅から車で30分足らずのところに深山幽谷のこれほどの景勝地があることに驚かされる。最下流の天神森から仙娥滝にいたる約4kmが特に美しく、切り立った岩肌に群生する松やモミジ、ツツジなどが、四季折々に色鮮やかで、訪れる者を魅了する。途中、オットセイ岩や猿岩などの奇岩、奇石も次々と姿を現し、昇仙峡のシンボルともいえる高さ180mの覚円峰がそそり立つさまも圧巻だ。

おでかけ前に 最新情報！

昇仙峡観光協会
☎055-287-2158／090-8648-0243
🏠 山梨県甲府市猪狩町441 昇仙峡ロープウェイ内

◆アクセス 昇仙峡へ

●甲府駅から昇仙峡口まで山梨交通バスで約30分
甲府駅の南口バスターミナルから山梨交通バスの昇仙峡行きのバスで昇仙峡口バス停まで約30分。ほか昇仙峡の中間地点ならグリーンライン昇仙峡バス停、昇仙峡ロープウェイ付近へは昇仙峡滝上バス停で下車。覚円峰を気軽に目指すならグリーンライン昇仙峡バス停か昇仙峡滝上バス停で下車しよう。

昇仙峡ロープウェイ ●しょうせんきょうロープウェイ
麓の仙娥滝駅から山頂のパノラマ台駅を結ぶ。全長1015mで、天気のいい日は山頂から富士山や南アルプスが見渡せる。

長潭橋 ●ながとろばし
昇仙峡の入口に架かる建築史的にも有名な美しいアーチ橋。

お待ちしています！

昇仙峡のシンボルである高さ180mの一枚岩の覚円峰など、渓谷美は日本一です。さまざまな奇岩・奇石を見ながら渓流の散策をお楽しみください。
昇仙峡観光協会 会長　芦澤 卓夫さん

● いつ行きますか？

11月の紅葉シーズンが人気
いつ行っても楽しめるが、ベストシーズンは白い岩肌と紅葉のコントラストが美しい11月。新緑の季節も爽快な森林浴が楽しめる。

ほうとう
カボチャやネギなど、たっぷりの野菜と幅広の麺を味噌味の汁で煮込んだ郷土料理。

甲府鳥もつ煮 ●こうふとりもつに
レバーや砂肝といった鶏のもつを醤油ベースの甘辛いタレで煮込んだ甲府名物。市内のそば屋などで味わえる。

● 絶景をめぐるおすすめプラン

すがすがしい朝、再び渓谷へ

1日目
午前＊遊歩道沿いは撮影スポットの連続
昇仙峡口バス停から奇岩が転がる渓流沿いを進む。お昼は仙娥滝付近の食堂で名物のそばやほうとうを。
午後＊山頂からの景色も一見の価値あり
ロープウェイで山頂のパノラマを楽しみ、その後、石門付近まで逆ルートで戻って別の角度から再度覚円峰の絶景を眺める。夜は昇仙峡のホテルに宿泊。

2日目
午前＊早朝から渓谷美を堪能し、一路、清里へ
朝の渓谷散歩を楽しみ、清里方面へ向かう。途中、点在する直売所で新鮮な高原野菜や果物をおみやげに。
午後＊爽快な高原ドライブを楽しむ
お昼は清里の人気スポット、清泉寮で。

お泊まり情報　渓谷内にホテルが1軒ある。甲府湯村温泉へは車で約30分。甲府駅周辺にも宿泊施設は多い。

087 北海道
しかりべつ湖コタン
◆しかりべつこコタン

天空の湖に現れる
わずか60日間の幻の村

北海道内で最も高い標高に位置する然別湖。12月下旬に湖上が完全に氷で覆われると、冬だけの幻の村「しかりべつ湖コタン」が現れる。村の建物のすべてが氷と雪で作られており、春の雪解けとともに湖へと消えていく。儚い村と美しい星空の期間限定の絶景をぜひ拝みたい。

◆おでかけ前に 最新情報!
然別湖ネイチャーセンター
☎0156-69-8181
🏠北海道鹿追町北瓜幕無番地
🚃JR帯広駅から北海道拓殖バスで1時間40分　💴入場無料　🈺期間中無休

コタンとはアイヌ語で「村」を意味する言葉。期間限定の白銀の世界へ

標高800mの場所に位置するため、空を遮るものがなく、空気も澄んでいるため星空も美しく見える

真夜中に広がる一面の星空絶景

一面の花畑と星空を
一度に楽しめる

088 大分
Camping resort
花と星
◆キャンピング リゾート はなとほし

さわやかな風が吹き抜ける久住高原にあるキャンピングリゾート。約22万㎡の敷地内に四季折々の花が咲き、夜には空を覆い尽くす星々、茜色に染まる日の出など、どの時間を切り取っても美しい風景に出会える。花と星、高原の緑に囲まれて癒やしのひとときを過ごしたい。

◆おでかけ前に 最新情報!
くじゅう花公園
☎0974-76-1467　🏠大分県竹田市久住町久住4050　🚗大分自動車道・九重ICから約39km　🕐IN15:00／OUT10:00　🈺1月上旬～2月、ほか不定休　💴1サイト1万3200円～（宿泊料別途）

➡くじゅう連山と阿蘇五岳が一望できる場所に立つ。テントサイトからは星空を独り占めできる

089 奈良／三重

大台ヶ原 ◆おおだいがはら

奈良県上北山村と三重県大台町の県境に位置する山で、日本百名山、ユネスコエコパークに認定されている。東海・近畿エリア屈指の星空を見られるスポットとして人気。4〜10月が天の川が撮影できるシーズン。夏場でも寒いため、防寒対策をしっかりして訪れたい。

◆おでかけ前に 最新情報！
大台ヶ原ビジターセンター
📞07468-3-0312 🏠奈良県上北山村小橡660-1 🚃近鉄・大和上市駅から大台ヶ原行きバスで1時間50分、終点下車すぐ 🕐休料 散策自由

天の川を望む
星空の聖地へ

⬆東大台側の正木ヶ原では、立ち枯れしたトウヒと天の川が幻想的。トレッキング初級者はAコースでまわるのがおすすめ

日が沈み、あたりが暗くなってくると、夜空を彩る星々に出会える。
美しい自然に囲まれたフレームレスな星空を、じっくりと眺めるスポットへ。

しかりべつ湖コタン
ふもとっぱら
大台ヶ原
Camping resort 花と星

雄大な富士山とプラネタリウムのような星空が一面に広がる絶好の天体観測スポット

天の川にダイヤモンド富士
湖畔で美景に出会う

⬆朝日に照らされた富士山も美しい ➡ロケ地としても活用されている見事なロケーション

090 静岡

ふもとっぱら

富士山の麓、朝霧高原に広がる自然を生かしたキャンプサイト。広大な草原サイトはA〜Pまであり、どのサイトからでも富士山が望める。空を遮るものがないので天体観測に最適。森林体験などのアウトドアも楽しめる。

◆おでかけ前に 最新情報！
株式会社ふもとっぱら
📞0544-52-2112 🏠静岡県富士宮市麓156 🚗中央自動車道・河口湖ICから約28㎞ 🕐キャンプ:IN8:30〜17:30／OUT14:00（日帰り17:00） 休無休 料1泊（翌14:00まで）1000円、普通車2000円

宮城 ◆ざおうのおかま
蔵王の御釜
日の光で表情を変える蔵王のシンボル

⊕周囲は約1㎞、直径は約325ｍ、水深は最深で約27.6ｍとされ、強酸性の水のため生物は生息していない

荒々しい火口壁と
エメラルドグリーンに輝く湖面

蔵王刈田岳・熊野岳・五色岳の3峰に抱かれた円型の火口湖で、お釜状のため「御釜」の名がついている。今から1000〜2000年ほど前の噴火で生まれた火口に、地下からの湧き水や雨、雪解け水が集まり、現在のような姿となった。エメラルドグリーンの水をたたえた湖面は、季節や時間、気象、気温など、さまざまな条件により色が変化することから「五色沼」とも呼ばれている。蔵王連峰を東西に走る蔵王エコーラインから蔵王ハイラインへと入り、その終着点から歩いて展望台まで行くことができる。

◆アクセス 蔵王の御釜へ

● 宮城川崎ICから蔵王刈田駐車場まで車で約45分
● 山形上山ICから蔵王刈田駐車場まで車で約1時間

蔵王エコーライン・ハイラインの開通は4月下旬〜11月上旬で、冬季は通行止めとなるので注意。交通バスも出ており、宮城県からは仙台駅・白石蔵王駅・白石駅、山形県からは山形駅・かみのやま温泉駅からアクセスできる。

● いつ行きますか？

四季折々の魅力あり
ただし冬季は御釜へのアクセス不可

蔵王エコーラインでは、春は雪の壁、夏には新緑、秋は紅葉と、季節を感じながらドライブを楽しめる。特に雪の壁の時季は、麓の街では桜が満開を迎え、桜祭りが開催されることも。冬季は道路が通行止めとなるが、スキー場で樹氷の絶景を見ることができる。

◆おでかけ前に 最新情報！

蔵王町観光案内所 📞0224-34-2725
🏠 宮城県蔵王町遠刈田温泉仲町33

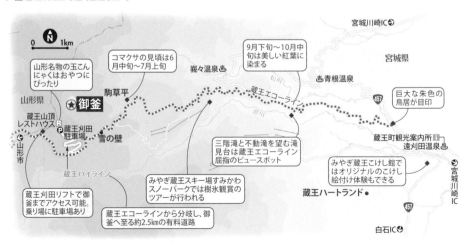

お泊まり情報 宮城県側の遠刈田温泉と山形県側の蔵王温泉は、旅館が多く集まる温泉街。ほかにも風情ある一軒宿が周辺に点在する。

駒草平 ●こまくさだいら

荒涼とした地面に高山植物のコマク
サが咲く。西に落差約97.5kmの不帰
の滝が見られるほか、晴れた日には
太平洋まで見渡すことができる。

待っておるぞ～!

宮城蔵王は「御釜」に始まり、季節ごとにさ
まざまな絶景が見られる街なのじゃ。絶景で
感動したあとは、遠刈田温泉でリフレッシュ
するのもおすすめじゃぞ～。
蔵王町観光PRキャラクター　ざおうさま

● 絶景をめぐるおすすめプラン

火山と高原のパノラマビューに感動

1日目

午前＊国営公園で季節の花を愛でる
山形自動車道・宮城川崎ICからスタートし、国営みちのく杜の湖畔
公園へ。大花壇で色とりどりの花を眺めながらのんびり散歩。
午後＊牧場で動物とふれあい、温泉街を散策
ヤギや羊が放牧されている蔵王ハートランドで、かわいい動物たち
と癒やしの時間。ランチは園内のレストランで。夜は遠刈田温泉
の旅館にステイ。早めに着いて温泉街を散策するのも楽しい。

2日目

午前＊蔵王エコーラインで御釜を目指す
駒草平など絶景スポットを巡りながら御釜へ。ランチは山頂のレス
トハウスで名物の釜カツ丼を。
午後＊温泉に立ち寄り、リラックス
蔵王温泉の露天風呂や、スキーリフトで登るテラスでくつろぎの時
間を。山形上山ICから東北中央自動車道で帰路へ。

蔵王ハートランド
●ざおうハートランド

約100haの牧場で、牛や
羊、ヤギなどを飼育。各
種体験(要予約)や食事、
みやげ探しが楽しめる。

国営みちのく杜の湖畔公園
●こくえいみちのくもりのこはんこうえん

東北唯一の国営公園。大花壇のほか、大型遊具
や古民家、キャンプ場などがある。

雪の壁 ●ゆきのかべ

蔵王エコーラインの冬
季閉鎖が解除される4
月下旬～5月中旬頃ま
で、道路脇に高く積も
った「雪の回廊」の中
をドライブできる。

092 有村溶岩展望所

⬆現在活動中の南岳の火口から
噴煙が上がる日もあり降灰も日常

▌山と溶岩、大地の鼓動を感じる大パノラマに出会う

活火山・桜島からは今も、日によって
ゴーッという鳴動が響き、噴火の爆発音
が聞こえ、周囲に灰を降らせ噴煙を上げ
る。桜島南岳の麓の大正溶岩原に造られ
た有村溶岩展望所。一面に広がる溶岩原、
そこに根を張るクロマツの生命力。大地
の息吹を間近で感じられるスポットだ。
全長約1kmの遊歩道からは錦江湾を一望
でき、天気がよい日は薩摩半島の最南端
に位置する開聞岳を望むことも。この一
帯は大正3年(1914)の大噴火で溶岩流に
飲み込まれた歴史があり、噴火の爪痕を
感じるスポットもある。

おでかけ前に 最新情報!

観光交流センター ☎099-298-5111
🏤 鹿児島県鹿児島市上之園町1-1

◆アクセス 有村溶岩展望所へ

●鹿児島港から桜島港までフェリーで約15分
●桜島港から有村溶岩展望所まで車で約15分

鹿児島港からフェリーで約15分、桜島港に到着。フェリーは24時間運航している。
桜島港から徒歩10分の桜島ビジターセンターではレンタサイクルも行っているので、島をぐるっとまわるのに利用するのもおすすめ。桜島港から有村溶岩展望所までは車なら約15分。

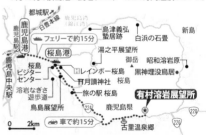

異世界に降り立ったような桜島の力を間近に感じる

↑約1kmの遊歩道には句碑や歌碑も。噴火の際には慌てず退避壕へ

お待ちしています！

非日常的な大地の鼓動を間近で感じることができるレインボー桜島。海側オーシャンビューから錦江湾を望む客室での宿泊はもちろん、「地産地消」をテーマに地元旬の食材を贅沢に盛り込んだ料理や茶褐色のマグマ温泉はまさに桜島の恵み。鹿児島市街地を眺めながら入浴できる絶景のロケーションの展望温泉となっております。

レインボー桜島　篠原さん

● いつ行きますか？

春から初夏と温泉が楽しみな秋冬も◎！

桜島観光は通年楽しめるが夏は日差しが強く降灰も多め。鹿児島名物のきびなごは旬の5〜7月に新鮮なお刺身で食べられる。桜島名産の大根と小みかんは冬の収穫。

黒神埋没鳥居
● くろかみまいぼつとりい

桜島と大隅半島を陸続きにした大正の噴火で2m埋没した鳥居。

● 絶景をめぐるおすすめプラン

桜島・錦江湾ジオパークをバスや自転車でぐるり巡る

1日目

午後＊フェリーで桜島へ上陸、自然あふれるスポットへ

鹿児島港からフェリーで桜島へ。桜島周遊バス「サクラジマアイランドビュー」で烏島展望所、赤水展望広場、湯之平展望所などのみどころを巡る。夜はレインボー桜島に宿泊し、温泉で旅の疲れを癒やす。

2日目

午前＊自転車で桜島をぐるり旅！

レインボー桜島でe-bikeをレンタルし、ビジターセンターで桜島について学ぶ。なぎさ公園、なぎさ遊歩道をまわる。

午後＊荒々しい風景にふれ、桜島に別れを告げる

有村溶岩展望所、黒神埋没鳥居を巡り、桜島周遊が終了！桜島港から帰路につく。

093 川原毛地獄

硫黄ガスが吹き出すグレーの世界へ

▌起伏のある荒涼とした斜面が
▌不気味な光景をつくり上げる

　大同2年(807)に月窓和尚が開山したと伝えられている霊場。標高約800mの山岳地帯に草木が生えない灰色の溶岩に覆われた山肌が広がり、いたるところから吹き出した蒸気が鼻をつくような強い硫黄臭を漂わせている。斜面に整備された散策路を歩いて見学できる。近くには滝そのものが温泉という全国でも珍しい川原毛大湯滝があり、滝壺や渓流はすべて天然の露天風呂になっている。周辺一帯はゆざわジオパークに認定されており、火山活動が生んだ特異な地形や潤沢な温泉が点在している。

名残ヶ原 ●なごりがはら

須川高原温泉の脇の登山口から入っていき、一周約1時間の散策コースが整備されている湿原。この一帯は国定公園に指定されており、150種以上の高山植物が群生する。コースは難所が少なく、初心者も安心して登山を楽しむことができる。

お泊まり情報　須川高原の宿は、古き良き雰囲気のある須川高原温泉か、露天の眺めの良い栗駒山荘の2軒。いずれも温泉は強酸性。

全国屈指の硫黄鉱山として、江戸初期から300年以上もの間、硫黄が採掘されていた

◆アクセス 川原毛地獄へ

●須川ICから川原毛地獄まで車で約30分

川原毛地獄への道路は、冬季は積雪により完全通行止めとなる(例年11月〜5月上旬)。駐車場は2カ所あり、いずれも川原毛地獄まで徒歩すぐ。湯沢駅を起点に周辺の温泉地や川原毛地獄を結ぶ予約制の乗合タクシー「こまちシャトル」も利用可能。6月中旬〜10月下旬の運行で、1名から予約できる。

おでかけ前に 最新情報!

湯沢市観光・ジオパーク推進課 ☎0183-55-8180
🏠 秋田県湯沢市佐竹町1-1
東成瀬村観光物産協会 ☎0182-38-8411
🏠 秋田県東成瀬村田子内仙人下30-1

● いつ行きますか?

紅葉に染まる秋の姿は圧倒的な迫力

冬季通行止め期間以外であればどの季節でも景色を楽しめるが、10月中旬〜下旬頃は特におすすめ。灰白色の山肌と、色とりどりの鮮やかな紅葉が見せるコントラストはまさに絶景。

小安峡大噴湯 ●おやすきょうだいふんとう

熱湯と蒸気が激しく噴出しているV字谷。岩づたいに階段を約60mほど下りると遊歩道が整備されており、大地の息吹を間近に感じることができる。

お待ちしています!

湯沢市はその名のとおり、小安峡温泉や秋の宮温泉郷、泥湯温泉などさまざまな温泉が各地に点在しています。
それぞれ泉質や効能が違うので、入り比べをしてみてください!
湯沢市観光PRキャラクター
こまちちゃん

● 絶景をめぐるおすすめプラン

山や湿原など大スケールの自然美を堪能

1日目

午前 ＊ 湯沢の名物、稲庭うどんに親しむ
湯沢ICからスタートし、佐藤養助 総本店へ。職人による稲庭うどん製造の見学や味みやげを楽しむ。少し早めの昼食をいただく。

午後 ＊ 美しい渓谷と湿原を歩く
小安峡大噴湯の迫力に圧倒される。須川高原まで車で登り、名残ヶ原の散策コースを歩く。夜は須川高原の宿にステイ。

2日目

午前 ＊ 川原毛地獄の荒涼とした世界へ
灰色の奇岩怪石が露出する川原毛地獄を歩く。

午後 ＊ 世界三大美女・小野小町ゆかりの地を訪ねる
平安時代の歌人・小野小町誕生の地に立つ小町堂を訪ねる。小町堂は昭和28年(1953)に建立され、現在の鮮やかな朱色に塗られた小町堂は1995年に建て替えられたもの。

094

群馬 ◆ おにおしだしえん
鬼押出し園

↑冬は雪の白と黒のコントラストが美しい

▌江戸時代の噴火で誕生
▌標高1300mに広がる景色

　天明3年(1783)の浅間山の噴火の際に流れ出た溶岩が冷えて固まりできた地。古来、浅間山には鬼が棲んでいるといわれており、噴火のときも鬼が溶岩を押し出しているように見えたことから「鬼押出し」の名がついたとの伝説が残る。長さ約5kmにもわたって黒々とした奇岩群が続き、噴火の激しさを物語っている。園内は遊歩道も完備されており、岩々の間から生えている樹齢100年を超える松「石割の松」や100種類以上の高山植物など、荒漠とした奇岩とみずみずしい植物の織りなす光景は圧巻。

▶ おでかけ前に 最新情報！

鬼押出し園　☎0279-86-4141　所群馬県嬬恋村鎌原1053
時8:00～17:00(最終入園16:30)　休無休　料650円

◆ アクセス
鬼押出し園へ

●碓氷軽井沢ICから鬼押出し園まで車で約50分
●軽井沢駅から鬼押出し園まで西武観光バスで約40分 車なら、上信越自動車道・碓氷軽井沢ICから中軽井沢と有料道路の鬼押ハイウェーを経由。バスは軽井沢駅から西武観光バスに乗車し鬼押出し園下車、徒歩すぐ。

溶岩がつくりあげる芸術的な風景

お待ちしています!

鬼押出し溶岩は、特徴的な景色をつくっているので、群馬県の「県の岩石」に選ばれているんだ。ジオパークガイドと巡るツアーもあって、ガイドがこの絶景をつくっている溶岩の成り立ちや、火山のナゾを教えてくれるのでおすすめだよ。雄大で迫力のある大地の芸術を楽しんでね。浅間山北麓ジオパーク　あさマン

奥の赤い建物は浅間山観音堂。天明の噴火の犠牲者の慰霊のため、昭和33年(1958)に建立

● いつ行きますか?

高山植物が見頃の初夏〜秋

鬼押出し園には高山植物観察コースが整備されており、見頃の時季に合わせて行きたい。5月中旬からトウゴクミツバツツジ、5月下旬〜10月上旬がヒカリゴケ、7月上旬頃がオノエランの見頃。

白糸の滝 ●しらいとのたき

長野県軽井沢町にある滝。湯川の源流でもあり、落差3m、幅が70mにもわたりさわやかな湧き水のカーテンが広がる。細い水の流れが無数にわたり続くさまはまさに「白糸」。

● 絶景をめぐるおすすめプラン

鬼押出し園と軽井沢を巡る

1日目

午前＊鬼押出し園へ
鬼押出し園へ向かう。散策コースは所要約40分。そのほか浅間山観音堂では御朱印もいただける。

午後＊軽井沢へ移動、宿泊
ランチは鬼押出し園のレストランで。その後軽井沢へ移動。途中で白糸の滝を見学、軽井沢泊。

2日目

午前＊軽井沢タリアセンでのんびり
軽井沢タリアセンには庭園や美術館、歴史的建造物が。散策したあとは併設のレストランで昼食。

午後＊旧軽井沢銀座通りを散策
軽井沢駅方面に戻り、旧軽井沢銀座通りをぶらり。約550mのストリートにレストランやカフェ、ショップや教会などが軒を連ねる。ベーカリーやジャムショップにも立ち寄り、帰路につく。

お泊まり情報　宿泊施設は軽井沢駅周辺か、翌日軽井沢に行かない場合は鬼押ハイウェーを北上して草津温泉で泊まるのがおすすめ。

095 寸又峡・夢のつり橋

エメラルドグリーンに輝く湖面に架かるパワースポット

人の暮らしと佳景を演出する橋

寸又峡・夢のつり橋

お待ちしています！

川根本町は、一年を通して四季折々違った絶景が見られることがおすすめの理由です。宿泊施設、飲食店、観光できるスポットの詳しい情報は、千頭駅前の川根本町まちづくり観光協会にてご案内させていただきますので気軽にお立ち寄りください。
川根本町地域おこし協力隊　鈴木さん(左)、渡辺さん(右)

橋の中央付近で恋の願い事をするとその恋が叶うという伝説がある

人間による開発が一役買っている
自然の美しさに隠れた歴史を知る

　険しい山に囲まれた原生林と清流が織りなす幽谷の寸又峡には昔から集落が点在し、吊り橋は村人や木こりが行き交う生活の道だった。林業地帯として繁栄した昭和初期から昭和50年代にかけて森林鉄道が敷かれ、機関車が材木や人を運んでいた当時の線路は寸又峡温泉街から吊り橋へと続く歩道に変わっている。大自然にたたずむこの場所最大の魅力は、吊り橋が架かる大間ダム湖が織りなす青色の輝き。水力発電のためのダム建設によって堰き止められた寸又川の透き通った水が深さをもって溜まり、自然界の物理的作用・チンダル現象によって、美しい青の世界を見せている。昔から変わらない大自然に人の営みが加わり生まれた絶景がそこにある。

大間ダム湖 ●おおまダムこ

昭和38年(1963)に造られた大間ダムの湖。湖面の美しい青色は微粒子やプランクトンが少ないきれいな水質だからこそ。ダムの堤は夢のつり橋から見える。

⤶美しい紅葉の時季は特に人気のスポット。朝早くが狙い目

草履石公園 ●ぞうりいしこうえん

寸又峡入口手前にある親水公園は隠れた紅葉スポット。浅い池の周囲で木々が紅葉し、落ち葉や池の反射も楽しめる。

奥大井湖上駅
●おくおおいこじょうえき
ダム湖の色と鉄橋が絵になる湖上の秘境駅。「中部の駅百選」にも選ばれている。

絶景をめぐる おすすめプラン
絶景の橋が目白押しの旅へ

1日目

午前＊早朝、寸又峡に一番乗り！
人混みを避けるため朝一番で寸又峡へ。車を吊り橋からいちばん近い第3駐車場に停め、そこから歩いて絶景の吊り橋を目指す。

午後＊名物ヤマメを使ったランチ
渓流の女王・ヤマメを使った料理を提供する店へ。旬は夏だが通年味わえる。産卵期のヤマメは特に身がふっくらとして格別。旅の疲れを癒やしに寸又峡温泉の宿で一泊。

2日目

午前＊大井川鉄道の駅を望む
寸又峡温泉から県道388号を進み、COOL JAPAN AWARDを受賞したことで話題を集めた絶景駅・奥大井湖上駅を望める奥大井湖上駅展望スポットへ。アプト列車が通るのを狙って撮影したい。

午後＊道の駅でご当地グルメに舌鼓
県道63号で島田金谷ICへ戻る途中で絶景の駅 道の駅 川根温泉に立ち寄り。日帰り入浴ができる「ふれあいの泉」の内湯や露天風呂からは大井川鉄道が望める。1階の食事処では、茶そばや駿河湾の海の幸をふんだんに使用した丼などが味わえる。

徳山のしだれ桜 ●とくやまのしだれざくら
徳山地区各所で見られるしだれ桜。あたりをピンク色に染める川根高等学校沿いにある150mの並木道は見応え抜群。

関の沢鉄橋 ●せきのさわてっきょう
現役鉄道橋では日本一の高さ約71m。トロッコ列車が観光客のためにこの区間をのんびりと走るサービスも。

おでかけ前に 最新情報！
寸又峡美女づくりの湯観光事業協同組合
☎0547-59-1011　🏠静岡県川根本町犬間

◆アクセス 寸又峡・夢のつり橋へ
●島田金谷ICから寸又峡まで車で約1時間30分
●千頭駅から寸又峡まで路線バスで約40分

新東名高速道路・島田金谷ICから川根本町・寸又峡方面へ北上し、途中細い山道を進むと約1時間30分、寸又峡温泉第3駐車場に到着。駐車場から吊り橋へは歩いて約45分。大井川鉄道千頭駅から路線バス寸又峡線で終点の寸又峡温泉まで約40分、バス停から吊り橋へは歩いて約40分かかる。歩きやすい服装がベスト。

●いつ行きますか？
4月の桜、新緑の5月、秋の紅葉など、四季折々の魅力がいっぱい！

3月下旬から5月には桜やツツジ、藤の花が順に咲き、4月下旬から新緑が輝き出す。夏は早朝のさわやかな空気の中の散策がおすすめ。紅葉のピークは11月中旬。混雑するので平日に訪れるのがよい。冬は混雑しないのでじっくり楽しむことができるが、日照時間が短いので注意。

096

山口 ◆つのしまおおはし
角島大橋

コバルトブルーの海の上を直線を描いて貫く大橋

映画のような景色の中で
さわやかなシーサイドドライブを!

　日本海に浮かぶ角島と本州とを結ぶ角島大橋は、2000年に開通した全長1780mの通行無料の橋。そのシャープなデザインとコバルトブルーの海とのコントラストが印象的で、映画やCMのロケ地としても有名。昼間はもちろん、夕日に照らされた姿や夜景も素晴らしい。橋全景を眺めたり撮影する場合は、橋手前の海士ヶ瀬公園展望台や、角島に入ってすぐの瀬崎陽の公園に立ち寄ろう。

おでかけ前に 最新情報!

豊北町観光協会　☎083-786-0234
山口県下関市豊北町神田上314-1(道の駅 北浦街道豊北内)

◆アクセス 角島大橋へ

●美祢IC／小月ICから角島大橋まで車で約1時間
滝部駅(または特牛駅)からバスで行く方法もあるが、運行本数は少ない。レンタカーを利用する場合は、山陽新幹線の新下関駅か山陽本線の下関駅から借りるのが便利だ。

お待ちしています！

長く優美なラインが自然と調和した、絶景の角島大橋です。真っ白な砂浜とコバルトブルーの海が織りなす景観は、きっとひと目で特別さを感じられ、どなたにも楽しんでいただけます。豊北町観光大使「ほっくん」にもぜひ会いに来てください！　豊北町観光協会観光案内所（道の駅 北浦街道豊北内）　政村さん

美碧の花が咲き誇る角島大橋。8〜9月に見頃を迎える

● いつ行きますか？

海の美しさが際立つ夏に

一年を通して美しいたたずまいを見せるが、ベストシーズンはやはり海が輝く夏。角島では海水浴なども楽しめる。夜になると橋は街灯に照らされ、違う一面を見せる。

巌流島 ●がんりゅうじま

関門海峡に浮かぶ。宮本武蔵と佐々木小次郎の決戦の地。

角島灯台 ●つのしまとうだい

明治9年（1876）に設置され、今なお現役で活躍。上ることができる。

● 絶景をめぐるおすすめプラン

日本海の恵みを堪能する

1日目

午前＊レンタカーを借りて角島を目指す
新下関駅でレンタカーを借り北上。1時間ほどで角島大橋に到着。橋を渡る前に展望台に立ち寄ろう。

午後＊さまざまに表情を変える橋の姿とのどかな島旅を満喫
角島で島内散策。角島灯台、しおかぜの里角島などを巡る。夕景や夜景も眺め、近くのホテルに宿泊。

2日目

午前＊県内の見どころに立ち寄ろう
午前中は再び展望台へ。より海が輝き撮影にも最適。ここから南下し、下関・関門海峡へ。萩や秋芳洞も角島から車で約1時間30分。

午後＊関門海峡付近は新鮮な魚介の宝庫
唐戸市場で海鮮三昧。巌流島クルーズも楽しめる。

↑一面の雪に美しく映える
冬のタウシュベツ川橋梁

十勝の歴史を見届けてきた橋梁。その姿に季節の移ろいを感じる

⬆全長130mのタウシュベツ川橋梁。穏やかな湖面に橋が反射する様子から「めがね橋」という愛称もつけられている

時季で見え方が変化する鉄道橋と深い緑を貫くように架かる赤い橋

帯広駅から十勝平野を北上し、十勝三股までを結んだ旧国鉄士幌線の鉄道橋だったコンクリート製のタウシュベツ川橋梁が、その役目を終えたのは昭和30年(1955)のこと。発電用ダムの建設で、ダム湖の糠平湖に一帯が沈むことになり、鉄道の運行ルートが変更。橋上の線路は撤去されたが、橋梁はダム湖の中に。湖の水位が季節や放水状況により変化するため、橋梁の姿は時季により隠れたり現れたりする。

糠平湖からさらに北上すると、標高2000m前後の大雪山系の山々を間近に望む三国峠に至る。北海道の国道で標高が最も高い峠に架かる松見大橋は、樹海や山々とで織りなす圧巻の風景で知られる。

気になる！ 旧国鉄士幌線のアーチ橋梁群

タウシュベツ川橋梁以外にも、上士幌町中心部から十勝三股にかけての音更川沿いには、旧国鉄士幌線のコンクリートアーチ橋梁が残っている。当時、鉄橋ではなく、コンクリートアーチ橋梁が造られたのは、大雪山系の自然景観との調和や、材料の調達コスト削減といった理由によるものだ。自動車の普及と国道273号などの整備で、昭和62年(1987)に全区間が廃止となった士幌線だが、その歴史を伝えるべく、現在は橋梁群を巡るツアーなどが行われている。

➡全長71m、高さ32mの第三音更川橋梁。昭和11年(1936)に造られたこの橋梁の成功により、日本各地に規模の大きなアーチ橋が建造されるようになった

◆アクセス タウシュベツ川橋梁／松見大橋へ

●帯広空港からぬかびら源泉郷まで車で約1時間40分
●帯広駅からぬかびら源泉郷まで十勝バスで約1時間45分

ぬかびら源泉郷以北の展望スポットや三国峠、個別で旧国鉄士幌線のアーチ橋梁群を訪れる場合は車が必須で、帯広駅からのレンタカー利用が基本。十勝バスは一日の本数に注意。また道北の最大都市・旭川からは高速バス(1日1便)が出ており、ぬかびら源泉郷、上士幌町中心部を経由して帯広駅までを結ぶ。帯広空港から松見大橋までは車で約2時間。

松見大橋 ●まつみおおはし

美しい曲線を描いて、三国峠の樹海に架かる長さ330m、高さ30mの橋。緑深橋周辺の展望台から見物できる。樹海は約100万年前の噴火によるカルデラにあたる。

糠平湖 ●ぬかびらこ

冬の積雪の少ない時季に見られる自然現象アイスバブルは、結氷した湖の中に閉じ込められた空気が凍ってできたもの。

ひがし大雪高原鉄道
●ひがしたいせつこうげんてつどう

旧国鉄士幌線の廃線跡に設けられた夏季限定の観光トロッコ。森の中や湖沿いを通る往復約1300mのコースを走る。

ぬかびら源泉郷 ●ぬかびらげんせんきょう

大正8年(1919)に開湯。神経痛や美肌に良いとされる泉質で、湯温は50〜60℃。源泉かけ流しの温泉を備える施設が多い。

お待ちしています!

タウシュベツ川橋梁と松見大橋はどちらも上士幌町を代表する景勝地！どちらも共通するのは、季節とともに景色が移り変わる点で、今しか見えないという儚さが見た人の心を捉えますよ。

上士幌町イメージキャラクター
ほろんちゃん

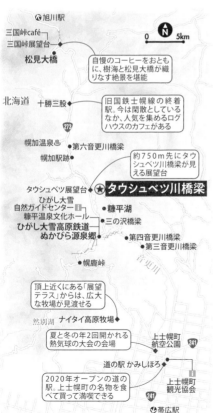

旭川駅

三国峠café
三国峠展望台
松見大橋

自慢のコーヒーをおともに、樹海と松見大橋が織りなす絶景を堪能

北海道

十勝三股

旧国鉄士幌線の終着駅。今は閑散としているなか、人気を集めるログハウスのカフェがある

幌加温泉
幌加駅跡　●第六音更川橋梁

約750m先にタウシュベツ川橋梁が見える展望台

タウシュベツ展望台
ひがし大雪
自然ガイドセンター
糠平温泉文化ホール
ひがし大雪高原鉄道
ぬかびら源泉郷

★ **タウシュベツ川橋梁**

●糠平湖
●三の沢橋梁
●第四音更川橋梁
●第三音更川橋梁

●幌鹿峠

頂上近くにある「展望テラス」からは、広大な牧場が見渡せる

然別湖　**ナイタイ高原牧場**●

夏と冬の年2回開かれる熱気球の大会の会場

上士幌町
航空公園

道の駅 かみしほろ

2020年オープンの道の駅。上士幌町の名物を食べて買って満喫できる

上士幌町
観光協会

帯広駅

● 絶景をめぐるおすすめプラン

十勝平野北端の鉄道遺産と樹海に架かる橋は圧巻

1日目

午前＊橋梁群の観光拠点となる温泉地へ
帯広駅から車でぬかびら源泉郷に向かう。ガソリンスタンドに寄るなら、上士幌町中心部で。源泉郷内とその周辺にはない。
午後＊ツアーに参加し、タウシュベツ川橋梁などを見学
荷物を預けて、ツアーの集合場所へ。タウシュベツ川橋梁を含む旧国鉄士幌線のアーチ橋をガイドとともに巡る。

2日目

午前＊国道273号を北上して三国峠へ向かう
タウシュベツ川橋梁を遠くに望む展望台にも立ち寄りながら、松見大橋を見に行く。三国峠展望台周辺のカフェでひと休み。
午後＊来た道を戻り、上士幌町中心部周辺を観光する
ナイタイ高原牧場での散策や、道の駅 かみしほろでグルメやショッピングを楽しんだら、帯広市に戻り、帰路につく。

● いつ行きますか?

年によって異なる糠平湖の水位変動に気をつける

タウシュベツ川橋梁までの林道は許可車両以外の通行禁止。近くまで行くなら、ひがし大雪自然ガイドセンターのツアーに参加（要予約）。湖面に橋梁が反射する景色が眺められるのは5〜6月頃。その後、水位が上がりはじめ、8〜10月頃（その年の雨量により前後）にはほぼ水没。湖面が凍結する冬は、1月頃に湖面を突き破り、姿を現す。

おでかけ前に 最新情報!

上士幌町観光協会
☎01564-7-7272　FAX 北海道上士幌町上士幌東3線238
上士幌町役場商工観光課内
ひがし大雪自然ガイドセンター
☎01564-4-2261　FAX 北海道上士幌町ぬかびら源泉郷北区44-3 糠平温泉文化ホール内

古宇利大橋

コバルトに輝く海を渡り、恋島とも呼ばれる古宇利島へ

▌離島に向かって走る
▌約2kmの絶景ドライブ

　沖縄本島に近い屋我地島と、その沖に浮かぶ古宇利島をつなぐ橋として、2005年に開通した。全長は1960mにもわたり、車で駆け抜けると爽快感に包まれる。橋の両側に広がるのは、はっとするほど青く透き通った海。島に向かって走る間、コバルトブルーからエメラルドグリーンへと変化していく海の色を楽しみたい。橋の古宇利島側には白砂の古宇利ビーチが広がっている。

ハートロック

アダムとイブの物語に似た琉球創世の神話が残る古宇利島。恋島とも呼ばれ、島北部にはハート形のふたつの奇岩が見られる。

今帰仁城跡 ●なきじんじょうあと

14世紀の城（グスク）跡。美しいカーブを描く7つの城壁が特徴的。世界遺産にも登録されている。

古宇利島側から眺めた古宇利大橋。
手前に広がるのは古宇利ビーチ

● 絶景をめぐるおすすめプラン

沖縄屈指の人気エリアを周遊

1日目

午前＊空港から車で
　　　古宇利大橋を目指す

那覇空港でレンタカーを借りて北上。古宇利大橋へ向かう。

午後＊古宇利大橋に到着
　　　写真撮影をして島内を散策

古宇利大橋の手前で車を停めて記念撮影。その後、橋を渡りながら眼下に広がるコバルトブルーの海を満喫する。古宇利島に着いたら、おしゃれなカフェでランチをしたり、島内散策を。ヴィラにチェックインしたらのんびりホテルライフを満喫。

2日目

午前＊本島に戻り今帰仁城跡を見学

本島に戻ったら、世界遺産・今帰仁城跡へ。琉球王国の成立前に割拠した三大勢力のひとつ、北山の王の居城跡を見学できる。

午後＊沖縄美ら海水族館へ

美ら海水族館で、再現された沖縄の海を楽しむ。周辺の備瀬のフクギ並木も訪れたい。

● いつ行きますか？

海の穏やかな晴天時を選んで

古宇利大橋から望む海は年間を通して美しい。晴天で海が穏やかな日、太陽が真上にある昼間に橋を渡るのがよい。さらに満潮時を選べば、期待どおりの美しい海が見られるはず。

■ おでかけ前に 最新情報！

今帰仁村（なきじんそん）観光協会
☎0980-56-1057
🏠 沖縄県今帰仁村仲宗根230-2（今帰仁村コミュニティセンター内）

お待ちしています！

はいさい！今帰仁村は魅力的なスポットがまだまだあります。アクティビティも豊富で、スイカやマンゴーなど自慢の特産品がたくさん！村に来たら、今帰仁村観光協会でスタッフおすすめの体験、グルメ、絶景スポットをご紹介します♪

今帰仁村観光協会 マスコットキャラクター　ナッキー

国営沖縄記念公園（海洋博公園）
沖縄美ら海水族館
● こくえいおきなわきねんこうえん（かいようはくこうえん）
おきなわちゅらうみすいぞくかん

約720種の海の生き物を飼育、展示する国内屈指の水族館。世界最大級の大水槽内を、ジンベエザメやマンタが悠々と泳ぐ姿は必見。イルカショーを行うオキちゃん劇場もある。最新情報は公式HPをチェック。

◆ アクセス 古宇利大橋へ

●那覇空港から古宇利大橋まで車で約1時間30分

レンタカー以外の交通機関を使って行く場合、那覇空港からやんばる急行バスを利用。今帰仁村役場で四島線（瀬底島〜今帰仁城跡〜古宇利島）に乗り換え、バスで古宇利島を渡る。古宇利大橋の最寄りのバス停は古宇利島物産センター。

辺戸岬
今帰仁城跡
伊江島
ハートロック
沖縄
美ら海水族館
古宇利島
古宇利大橋
沖縄県
331
残波岬
沖縄本島
沖縄自動車道
🚗 車で約1時間30分
那覇空港
58
平和祈念公園
0　　20km

099 東京
森ビル
デジタルアート ミュージアム：
エプソン チームラボ ボーダレス

◆もりビル デジタルアート ミュージアム：
エプソン チームラボボーダレス

　森ビルと世界的アート集団・チームラボが共同で運営するデジタルアートミュージアム。館内に地図はなく、決まった順路もないため、来訪者は1万㎡の暗く広い世界を手探りで探索。各作品の説明もほとんど存在せず、作品どうしの境界や、鑑賞者も作品の一部として溶け込んでいる（＝ボーダレス）のが特徴。

◆おでかけ前に 最新情報!
☎03-6368-4292
所東京都江東区青海1-3-8 お台場パレットタウン2F
交ゆりかもめ・青海駅から徒歩3分　時休HPを確認　料3200円

最新テクノロジーとアートが融合 境界のない空間を楽しむ

teamLab
Exhibition view of MORI Building DIGITAL ART MUSEUM: teamLab Borderless, 2018, Odaiba, Tokyo © teamLab
teamLab is represented by Pace Gallery

作品に触れることで滝の流れが変わる「人々のための岩に憑依する滝」

室内で見られる絶景アート

幾何学模様のカレイドスコープの
中に入れる体験型美術館

100 愛知
三河工芸
ガラス美術館

◆みかわこうげいガラスびじゅつかん

　高さ2.5m、幅3.1m、奥行き7.3mの巨大万華鏡「スフィア」は人が中に入れる構造。足を踏み入れると3つのステンドグラスが回転し、約2分間の「生命と宇宙の起源」をテーマにした美しい光景が見られる。そのほか全面鏡張りの「彫刻鏡の部屋」など、特徴豊かな展示が揃う。

◆おでかけ前に 最新情報!
☎0563-59-3334
所愛知県西尾市富山町東郷5
交東名高速道路・岡崎ICから約44km
時10:00〜17:30（最終入館17:00）
休月曜、第1火曜、ほか臨時休館あり。詳しくはHPを確認　料720円

↻2000年に「世界最大の万華鏡」としてギネス世界記録にも認定

101 東京
プラネタリアTOKYO
◆プラネタリアトーキョー

　都会の喧騒のなか、限りなくリアルで美しい星空と癒やしを提供するプラネタリウムドームシアター。満天の星々、高品質のサウンドで見る人に感動を与える。さまざまなコラボ作品などでいつ見ても飽きさせない工夫が。

◆おでかけ前に 最新情報！
☎03-6269-9952
🏠東京都千代田区有楽町2-5-1有楽町マリオン9F　🚃各線有楽町駅から徒歩3分　🕐10:30～22:00（変更の場合あり）　休無休　料1600円～

きらめく銀河に包まれる
ロマンチックなときを過ごす

⬆DOME2のプレミアムシート「銀河シート」で宇宙のなかでくつろぐ感覚を楽しめる

天候に左右されず、室内で絶景を見られるスポットも数多くある。
万華鏡やステンドグラス、デジタルアートなど多種多様な場所をご紹介。

プラネタリア
TOKYO
エプソンチーム
ラボボーダレス
彫刻の森
美術館
三河工芸ガラス美術館

---

102 神奈川
彫刻の森
美術館
◆ちょうこくのもりびじゅつかん

　高さ18mの塔「幸せをよぶシンフォニー彫刻」は中央のらせん階段を覆うようにして、一面にステンドグラスが広がっている。数々のステンドグラス作品を手がけてきた芸術家、ガブリエル・ロワール氏の作品で差し込む光とステンドグラスの調和が美しい。

◆おでかけ前に 最新情報！
☎0460-82-1161
🏠神奈川県箱根町二ノ平1121
🚃箱根登山鉄道・彫刻の森駅から徒歩2分
🕐10:00～17:00（最終入館16:30）　休無休
料1600円

⬆鳥や花といったモチーフを色彩豊かに表現

⬆2021年に誕生した休憩スポット「ポケっと。」

日の光が差し込み息をのむ神々しさ
幸福を招くステンドグラスのタワー

227

動植物の聖域で5つの幻想的な湖が原始の息吹を伝える

水底の神秘が明鏡をつくる湖沼　知床五湖

整備された高架木道の展望台からは、一湖と知床連山の大パノラマが広がる

←高架木道は全長約800m。原始の姿を留めた自然の眺望を満喫しよう

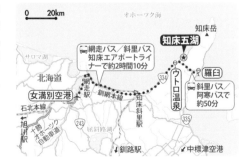

知床五湖 ●しれとここご

原生林に囲まれた5つの湖。間近で湖が眺められる地上遊歩道は、時季によってコースが異なる。一湖まで延びる高架木道は地上2〜5mの高さに造られ、見下ろすように原生林の眺望が楽しめる。

原生林の地下から湧き出た 美しい水をたたえる神秘の湖

知床八景に数えられる知床五湖には多くの野生の動植物が生息。広葉樹と針葉樹が混じった針広混交林が周囲に広がり、湖の背後には雄大な知床連山がそびえる。知床五湖の散策は、地上遊歩道と高架木道のいずれかで楽しむことができる。地上遊歩道は、大ループと小ループ、2つのコースが設けられ、冬季を除く期間、原始の自然が間近に広がる。高架木道は、高い視点から風景が楽しめるほか、木道に設置された3つの展望台から森、山、湖が一望できる。ウトロ、羅臼発着のクルーズと合わせて、世界自然遺産に指定された貴重な生態系を感じてみたい。

おでかけ前に 最新情報!

知床五湖フィールドハウス　☎0152-24-3323
🏠 北海道斜里町遠音別村岩宇別549
知床斜里町観光協会　☎0152-22-2125
🏠 北海道斜里町本町29-8

◆アクセス 知床五湖へ

● 女満別空港からウトロ温泉まで網走バス／斜里バス知床エアポートライナーで約2時間10分
● 羅臼からウトロ温泉まで斜里バス／阿寒バスで約50分
女満別空港からウトロへは直行バスがあるが、中標津空港からは路線バスで乗り換えが必要(約5時間)。レンタカー利用の場合、女満別空港、中標津空港からいずれも約1時間50分。

フレペの滝
●フレペのたき

雪解け水や雨水が、約100mの断崖の割れ目から流れ落ちるそのさまが涙に見えることから「乙女の涙」の愛称を持つ。

知床半島クルーズ
●しれとこはんとうクルーズ

ウトロ発着クルーズで、知床半島西岸を小型船や大型船で観光。断崖や奇岩、滝、クマなど陸上では見られない自然が満喫できる。

いつ行きますか?

自然が美しい5〜10月

知床五湖の散策は時季ごとに制限があるので注意。地上遊歩道、高架木道は4月中旬〜11月上旬まで散策でき、なかでも新緑(5月〜)から紅葉(9〜10月)の頃までが美しい。花の咲く6〜8月に観光は最盛期を迎える。羅臼発着のホエールウォッチングでマッコウクジラが見られる確率が高いのは8〜9月。

ネイチャークルーズ

根室海峡の豊富な魚介を求めてやってくるシャチやイルカ、クジラなどの迫力あるダイブが高い確率で眺められる。観光船は、羅臼から多く発着。

お待ちしています!

原生林を歩きながら湖を巡る「地上遊歩道」では、知床の自然の奥深さをお楽しみいただけます。知床連山やオホーツク海のダイナミックな風景が見どころの「高架木道」もおすすめです。
**公益財団法人 知床財団
金川さん**

絶景をめぐる おすすめプラン

知床半島の魅力を満喫

1日目

午前＊ウトロの新鮮な海の幸に舌鼓

女満別空港からバスでウトロへ。昼食で海の幸を堪能。

午後＊ウトロの自然や風景を散策しながら満喫

ウトロ近くの名所に路線バスでアクセス。まずは知床五湖へ。レクチャーを受けて知床五湖を巡る地上遊歩道を散策。フレペの滝を展望台から眺め、プユニ岬で海に沈む夕日を見る。夜はウトロの温泉ホテルに宿泊。

2日目

午前＊船上からダイナミックな半島の自然を見物

朝から知床半島クルーズへ。知床岬まで続く、断崖や滝などの雄大な眺めを船上からゆっくり眺める。

午後＊半島を横断して羅臼へと移動

知床峠を越える知床横断道路をバスで行き、羅臼へ。クジラの見える丘公園などで海景を楽しみ、羅臼泊。

3日目

午前＊羅臼でイルカやクジラに会いに行く

羅臼でホエールウォッチングなどのネイチャークルーズに参加。イルカやクジラの姿に大感激。

午後＊知床みやげを購入し帰路につく

道の駅 知床・らうすでおみやげを買って帰路につく。

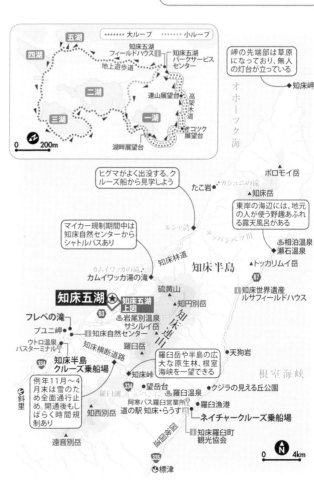

......大ループ　------小ループ

五湖／四湖／二湖／三湖／一湖
知床五湖フィールドハウス
地上遊歩道
知床五湖パークサービスセンター
連山展望台／高架木道
サコツク展望台
湖畔展望台

岬の先端部は草原になっており、無人の灯台が立っている
オホーツク海
知床岬

ヒグマがよく出没する。クルーズ船から見学しよう
たこ岩　カシュニの滝
ポロモイ岳
知床岳
マイカー規制期間中は知床自然センターからシャトルバスあり
ルシャ湾
ペッパンベツ川
東岸の海辺には、地元の人が使う野趣あふれる露天風呂がある
相泊温泉
瀬石温泉
トッカリムイ岳
知床林道
87
カムイワッカの滝
カムイワッカ湯の滝
知床半島
硫黄山
知床世界遺産ルサフィールドハウス
知床五湖 知床五湖上図
フレペの滝
93
知円別岳
岩尾別温泉サシルイ岳
プユニ岬
知床自然センター
ウトロ温泉バスターミナル
羅臼岳や半島の広大な原生林、根室海峡を一望できる
天狗岩
知床連山
知床横断道路
334
知床半島クルーズ乗船場
知床峠
羅臼温泉
例年11月〜4月末は雪のため全面通行止め。開通後もしばらく時間規制あり
羅臼岳
望遠台
羅臼川
クジラの見える丘公園
斜里
阿寒バス羅臼営業所
道の駅 知床・らうす
羅臼漁港
ネイチャークルーズ乗船場
知床羅臼町観光協会
根室海峡
羅西別岳
遠音別岳
335
0　4km
標津

104 十二湖の青池

青森　じゅうにこのあおいけ

原生の森の奥に現れる青い輝きを放つ神秘の池

⬆穏やかな陽光と緑葉が映り込んだ水面は幻想的な青に満ち、見つめていると今にも吸い込まれそうだ

手つかずの自然がつくり出す
心が洗われるような青の世界

秋田県北西部と青森県南西部にまたがる白神山地は、日本一広いブナの原生林で、一部が1993年に世界遺産登録されたが、その核心地域は自然保護の目的のため入山が規制されている。

十二湖は、白神山地の北西部の一角にある大小33の湖沼群の総称。どれも透明度の高い湖や池だが、特に人々を魅了する美しさを持つのが最奥部にある青池だ。豊かなブナ林に囲まれきらめく水面は、光の差し込み具合によって藍色やコバルトブルーに変わる。この池がなぜ青いのかは未だに解明されておらず、そのことがまた、青池を神秘の存在たらしめているのかもしれない。

⬆エメラルド色にきらめく沸壺の池は青池と並ぶ透明度を誇る

白神の森 遊山道 ●しらかみのもり ゆうざんどう

鰺ヶ沢町の黒森地区にあるトレッキングコース。入山できるのは4月下旬～10月下旬。ブナ林の中に整備された張り出し遊歩道や、木の中の音を聴く聴診器などで自然が満喫できる。

おでかけ前に 最新情報!

深浦町観光協会　📞0173-82-0875
🏠 青森県深浦町舮作鍋石58-23(物産館コロポックル内)
白神十二湖エコ・ミュージアム　📞0173-77-3113
🏠 青森県深浦町松神山1-3

お待ちしています!

青池の美しさが際立つお昼前後の時間帯がおすすめです。遊歩道では、立ち止まって木肌に触れたり思いきり深呼吸したり、じっくりと白神山地の豊かな自然を堪能してください。

アオーネ白神十二湖　斉藤さん

いつ行きますか? 薫風に吹かれながら森林浴

まだ肌寒いながらもやわらかな日差しが心地よい4月が山開き。なんといってもベストシーズンは、新緑が美しい5～6月。10月中旬の紅葉の時季もきれいだが、落ち葉で青池が見えなくなることもある。12～3月は入山不可。

絶景をめぐるおすすめプラン

白神山地の雄大な森を散策

1日目

午前＊道中の景色を楽しみながら、十二湖の入口へ
鉄道とバスを乗り継ぎ、奥十二湖駐車場バス停で下車。森の物産館 キョロロでひと休みして、トレッキングへ。

午後＊青池をはじめとした湖沼を巡るトレッキング
ブナ林道を歩いて約10分で青池へ。周辺散策もたっぷり満喫したら、五能線で北上して鰺ヶ沢で宿泊。

2日目

午前＊ガイドツアーで稀少な動植物に出会いたい
鰺ヶ沢駅から弘南バスで白神の森 遊山道へ。バスは1日1往復。ガイドツアーに参加する。

午後＊白神山地の魅力を胸に、旅を終える
休憩所のくろもり館で白神山地に関する展示などを見学。バスで鰺ヶ沢駅へ戻り、鉄道に乗って弘前方面に。

◆アクセス 十二湖の青池へ

●秋田駅から東能代駅までJR奥羽本線で約1時間
●東能代駅から十二湖駅までJR五能線で約1時間10分
●十二湖駅から奥十二湖駐車場まで弘南バスで約15分

秋田駅から十二湖駅へは鉄道で約2時間20分。リゾートしらかみを利用すれば、乗り換えなしで行くことができる。十二湖駅からはバスに乗り換えて約15分、奥十二湖駐車場バス停から青池までは歩いて約10分で到着する。車で行く場合は、秋田駅から奥十二湖駐車場まで国道101号を北上し、約2時間。青森駅からは鉄道の場合、十二湖駅まで最短で約3時間、車で奥十二湖駐車場まで約2時間30分。

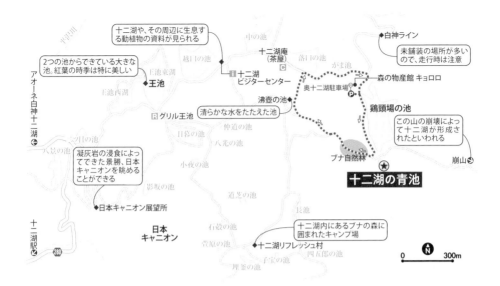

十二湖や、その周辺に生息する動植物の資料が見られる

2つの池からできている大きな池。紅葉の時季は特に美しい

白神ライン

未舗装の場所が多いので、走行時は注意

十二湖庵（茶屋）

森の物産館 キョロロ

十二湖ビジターセンター

奥十二湖駐車場

鶏頭場の池

アオーネ白神十二湖

王池

沸壺の池

清らかな水をたたえた池

この山の崩壊によって十二湖が形成されたといわれる

凝灰岩の浸食によってできた景勝、日本キャニオンを眺めることができる

崩山

ブナ自然林

★ 十二湖の青池

日本キャニオン展望所

十二湖内にあるブナの森に囲まれたキャンプ場

十二湖駅

日本キャニオン

十二湖リフレッシュ村

0　300m

中の池　越口の池　王池東湖　王池西湖　グリル王池　二ツ目の池　八景の池　日暮の池　仲道の池　八光の池　小夜の池　影坂の池　道芝の池　長池　石鍋の池　菅原の池　子宝の池　埋釜の池　四五郎の池　落口の池　がま池

リゾートしらかみ ●リゾートしらかみ

秋田駅と青森駅を結ぶJR五能線の観光列車。秋田駅から十二湖駅へは約2時間。1日3往復あり、うち1往復は秋田駅～弘前駅間の運行（時期により異なる、要確認）。ゆったりとした座席でくつろぎながら、日本海と白神山地の景観が楽しめる。絶景ポイントでの徐行運転や、イベントスペースでの津軽三味線の生演奏などうれしいサービスも。

鶏頭場の池 ●けとばのいけ

鶏のトサカの形をしていることから名付けられた鶏頭場の池。ブナやミズナラに囲まれ、清らかな水をたたえる。

王池 ●おういけ

東湖と西湖という2つの池で形成される。四季折々の美しさを堪能できる。

日本キャニオン ●にほんキャニオン

ゴツゴツとした白い岩肌が目を引く。日本のグランドキャニオンと呼ばれる。

長野　◆かみこうちのたいしょういけ
上高地の大正池
立ち枯れの木々が蒼い影を落とす、池の静寂と神秘

100年以上の時を刻み続けた 自然の営みがつくり出す美観

　梓川の流れに沿って、細長い谷間に広がる標高1500mの上高地。梓川の清流や原生林、点在する湖沼や湿原、穂高連峰の雄大な遠望。それらが織りなす美景を気軽に散策しながら楽しめることから、年間120万人以上がこの地を訪れる。そんな人気の山岳リゾートで、河童橋とともに象徴的な風景が大正池だ。大正4年(1915)の焼岳の大噴火の際に、梓川が堰き止められて生まれた。水没した立ち枯れの木がたたずむコバルト色の池。その向こうには焼岳が今も噴煙を上げ、神秘の彩変添える。紅葉の時季の鮮やかさも魅力的だが、白い霜に包まれる冬の姿もまた美しい。

河童橋 ●かっぱばし

木製の吊り橋の足元からは梓川の瀬音が聞こえる。焼岳の展望や写真撮影の人気スポットで最盛期には観光客で賑わう。

お待ちしています！

標高1500mの別天地です。輝く山並み、紺碧の空、透き通った風、さわやかなせせらぎ。日常を離れ、ぜひ圧倒的な山岳風景を体験してください。
松本市アルプス山岳郷　中尾さん

おでかけ前に 最新情報！

松本市アルプスリゾート整備本部　☎0263-94-2307
上高地インフォメーションセンター
☎0263-95-2433(4月中旬～11月15日のみ開館)
🚏上高地バスターミナル隣接

◆アクセス 大正池へ

◉松本駅から新島々駅までアルピコ交通上高地線で約30分。新島々駅から大正池までアルピコ交通バスで約1時間5分
◉高山駅から平湯まで濃飛バスで約1時間。平湯から大正池まで濃飛バスで約25分

車の場合、松本側からは沢渡(さわんど)駐車場、高山側からは平湯あかんだな駐車場から先はマイカー規制があり、シャトルバスかタクシーに乗り換える。帰りのシャトルバスは、途中の大正池からは満車で乗れないことも多いので、上高地バスターミナルからが安心。大阪や名古屋、東京、長野からの直行バスもある。

岳沢湿原
●だけさわしつげん

原生林に囲まれた小さな湿原。澄んだ湧水に空が映りこみ、立ち枯れの木がアクセント。

田代池 ●たしろいけ

水田地帯のような穏やかで浅い池が広がり、四季の移ろいが美しい場所。

238

明神池
●みょうじんいけ

穂高神社奥宮の神域にある針葉樹に囲まれた池は神々しい。天水をたたえた一之池と二之池からなり、明神岳からの伏流水が湧いているので冬でも凍結しない。

気になる! 山の安全を神に感謝する

毎年10月8日に行われる御船神事。神官と巫女たちが平安装束で龍頭鷁首の御船に乗り明神池を周遊するお祭り。

写真:松本市アルプス山岳郷

⬆日本近代登山の父、英国人宣教師ウォルター・ウェストンのレリーフ

● いつ行きますか?

開山期間中ずっと魅力的

5〜6月は新緑と山の残雪が美しい。高山植物の咲く7〜8月、草と樹木の紅葉する9〜10月も多くの人が訪れる。毎年11月15日の上高地閉山式から4月27日の開山祭の間は、施設がすべて休業となり、釜トンネルより先は交通機関も運行しなくなる。

● 絶景をめぐる おすすめプラン

穂高岳の絶景を歩いて満喫

1日目

午前＊到着後はホテルで優雅なランチを
松本駅から電車とバスを乗り継ぎ昼頃到着。河童橋付近の宿泊先に荷物を預け、おしゃれなホテルでランチ。

午後＊幻想的で神秘的な明神池の風景にうっとり
河童橋から梓川と穂高連峰の眺望を満喫し、明神池までウォーキング。梓川の右岸歩道を進み、岳沢湿原や樹林の遊歩道を歩き、嘉門次小屋でイワナの塩焼を味わい休憩。パワースポットの明神池を眺め、明神橋を渡って河童橋へ戻り、ホテル泊。

2日目

午前＊霞に包まれた大正池が目の前に出現する
朝霧の立つ大正池を見るため早朝に出発。梓川左岸歩道を歩いて大正池へ。復路はビューポイントの田代湿原、ウェストン・レリーフに寄って河童橋へ戻る。途中の上高地温泉ホテルで、足湯や日帰り入浴も楽しみたい。

午後＊近隣の観光地へ訪ねる
ホテルやバスターミナルでみやげを買い松本へ戻る。時間があれば、松本市街や安曇野へ足をのばそう。

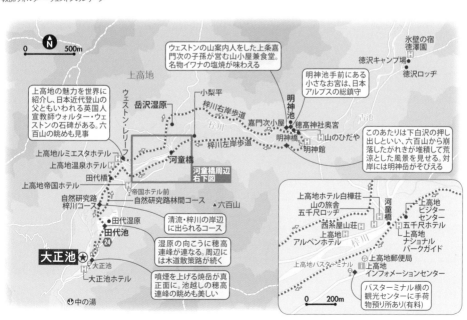

106 御射鹿池
長野 ◇みしゃかいけ

東山魁夷が描いた幻想的な一面の緑

日差しによって刻々と変化する彩りの風景はすがすがしい緑の頃がベスト

まるで時が止まったかのような錯覚を覚える幻想的な世界に感動

　季節ごとに色を変えるカラマツ林に囲まれたこの池は標高1500mの山の中、静かに水をたたえている。八ヶ岳の冷たすぎる水を太陽に当てて、稲作に使用するために作られた農業用のため池だ。静まり返った水面に背景の山々の風景が逆さまに映り込むその姿は、日本を代表する画家、東山魁夷の『緑響く』のモチーフにもなった。春から夏にかけて緑が色濃くなり、秋には黄金色に黄葉、そして雪と氷に閉ざされる冬景色と、奥蓼科の四季を映す鏡のように絵画さながらの美しさで訪れる人の心を震わせる。

横谷渓谷 ●よこやけいこく

滝が点在する県内屈指の紅葉スポット。

お待ちしています！

「ちの旅」では景観の美しさを眺めるのはもちろんのこと、より深く御射鹿池の魅力を知り、茅野に生きる人々が重ねてきた暮らしの知恵にふれることができるツアーも開催しています。人と自然との関わり方にあらためて思いを馳せるような旅に、ぜひ、ご参加ください。

ちの旅案内人　田子直美さん

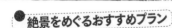

絶景をめぐるおすすめプラン

澄んだ空気と緑に包まれた水の郷へ

1日目

午前＊静かな水面に映る四季の彩りに感動
中央自動車道・諏訪ICから山道を走ること約40分、名画のモチーフにもなった美しい池・御射鹿池に到着。絶景を写真に収める。
午後＊蓼科高原のごちそうをいただき、白樺湖方面へ
昼食に高原グルメを堪能、スズラン峠を北上し白樺湖周辺で1泊。

2日目

午前＊白樺湖畔で自然とふれあうレジャー体験を
白樺湖周辺は一大リゾート地。カヌーやボート、レンタサイクルなど、自然のなかで遊べるレジャースポットが充実している。
午後＊大自然が広がるビーナスラインを爽快ドライブ
茅野～美ヶ原高原まで続く全長76kmのビーナスラインは、絶好のドライブルート。周囲の絶景を眺めながら気持ちのよいドライブを満喫。

おでかけ前に 最新情報！

ちの観光まちづくり推進機構　☎0266-73-8550
🏠長野県茅野市ちの3506モンエイトビル2F

◆アクセス 御射鹿池へ

●諏訪IC／茅野駅から御射鹿池まで車で約40分
茅野駅から国道152号・県道191号を麦草峠方面に進むと案内板があり、途中で右折し渋川大橋を渡る。途中狭い曲り路が多い山道があるので注意。冬は路面が凍結している場合もある。

いつ行きますか？

絵画の世界を見るなら春から夏にかけてがベスト
年間を通じて四季折々の美を楽しめるが、緑いっぱいの世界を見に行くなら初夏から夏がベスト。早朝は無風のことが多く、朝霧が発生するとより幻想的な風景に出会える。冬は足元に注意が必要。

メルヘン街道 ●メルヘンかいどう

北八ヶ岳を横断する全長38kmの風光明媚なドライブコース。

霧降の滝 ●きりふりのたき

横谷渓谷にある滝。三筋の滝で川底は強い酸性の水によって赤く染まっている。

薄暗い早朝には林に朝霧がたちこめ、よりいっそう幻想的な姿を現す

田園散居集落展望台 ●でんえんさんきょしゅうらくてんぼうだい
旧豊原地区の集落と屋敷林が点在する日本の原風景を見渡す。

長井あやめ公園
●ながいあやめこうえん

約500種100万本のあやめが咲く公園。長井古種と呼ばれる希少な品種も。

三淵渓谷
●みふちけいこく

龍神の伝説や黒獅子舞いの伝統神事発祥の渓谷。地殻変動による特異な地形で神秘的な雰囲気が漂う。

芽吹いたばかりの樹木の生命と雪解け水が生み出す季節の景観

雪に閉ざされた冬が終わり北国に遅い春が訪れると、白川湖は大量の雪解け水が流れ込み満水になる。同じ頃、湖畔に群生するシロヤナギは一斉に芽吹き、冷たく清らかな水をたたえた湖に半分沈んだ状態で水没林の幻想的な光景を生み出す。白川ダムの上流にあるこの湖は季節ごとに水位を変え、今も麓の田畑を潤している。新緑の黄緑色が水面に反射する景色は、やがてダムが稲作のために放水され水位が下がるまでの1カ月間だけ出現する特別な絶景。朝早くには霧に包まれた姿が見られることもある。

■おでかけ前に 最新情報！

飯豊町観光協会 ☎0238-86-2411
🏠 山形県飯豊町椿1974-2（JR羽前椿駅舎内）

◆アクセス 白川湖の水没林へ

●米沢北ICから白川湖の水没林まで車で約40分
●手ノ子駅から白川湖の水没林まで車で約15分

手ノ子駅から県道4号経由で白川湖岸公園を目指し、白川湖岸公園専用駐車場を利用する。途中峠道や道幅が狭い道路もあるため、運転には注意が必要。迂回ルートも視野に入れよう。

●いつ行きますか？

新緑が美しい4〜5月の1カ月だけ！
4月中旬から5月中旬にかけての1カ月限定の水没林。ゴールデンウィークは混雑するので休みが終わってからすぐの平日が狙い目。5月は湖畔で遅咲きの桜並木も楽しめる。

●絶景をめぐるおすすめプラン

期間限定の絶景を目指してドライブ

1日目
午後＊米沢周辺を観光&名物ランチ
東北中央自動車道・米沢中央ICを下り、米沢を観光。道の駅 米沢でご当地のおみやげを購入したり、米沢牛のランチや米沢ラーメンを味わうのもよい。夜は米沢市内のホテルに宿泊。

2日目
午前＊期間限定の幻想絶景を目指す
白川湖に向けて米沢を朝早くに出発。朝靄がたちこめる神秘的な絶景に出会う。その後、長井あやめ公園をのんびり散策。
午後＊のどかな風景が夕日に染まる
龍神伝説の残る三淵渓谷をボートで巡り、田園散居集落を望む展望台へ。のどかな日本の原風景に癒やされ、帰路につく。

お待ちしています！

1カ月間だけの幻想的な絶景は息をのむ美しさ。キャンプ場や温泉が隣接しており、満水の期間中はカヌーやSUP体験を楽しむことができます。
飯豊町観光協会　高橋 達哉さん

飯豊山 ●いいでさん

登頂難易度が高い日本百名山。花の百名山にも選ばれている。

108

北海道 ◆ましゅうこ

摩周湖

神秘の湖の朝焼けに奇跡の雲海が広がる

⬆朝焼けに染まりながら、摩周湖一面を覆う雲海。うねるように動きながら形を変えていき、ドラマチックな光景に息をのむ

◆摩周湖に唯一浮かぶカムイシュ島は水面上に現れている高さ約240mの火山の頂上部だ

摩周湖 ●ましゅうこ
摩周湖第三展望台から望む摩周湖。霧が晴れた湖は、雲や周囲の山々を映す澄んだ湖面で、まるで鏡のように美しい。

カヌーツアー
屈斜路湖や釧路川源流をカヌーで巡る。大自然を堪能する人気アクティビティ。

人を寄せつけない断崖絶壁 カムイトー（神の湖）を訪ねる

　氷河時代、大規模な噴火によってできたカルデラ湖で、最深212m、周囲を高さ150〜350mの険しい絶壁に囲まれている。別名「霧の摩周湖」と呼ばれるように、周辺の山々を越えて流れ込んだ霧がしばしば湖面を覆うが、摩周ブルーとも称される深い青色の水は、世界有数の透明度を誇る。霧の発生しやすい夏には、日の出とともに幻想的でダイナミックな雲海が見られることもある。

　冬、明け方に氷点下15℃以下になると、時折サンピラーと呼ばれる現象に出会える。太陽が空気中のダイヤモンドダストに反射して柱状に輝き、きらきらと舞う光の粒がとても美しい。

屈斜路湖 ●くっしゃろこ
コバルトブルーに輝く日本最大のカルデラ湖。周囲は約57km、森林に囲まれ、キャンプやウォータースポーツなどを楽しめる。津別峠展望台からは、湖に浮かぶ中島が一望できる。

▌おでかけ前に 最新情報！
摩周湖観光協会　☎015-482-2200
🏠 北海道弟子屈町摩周3-3-1
道の駅 摩周温泉 観光案内所　☎015-482-2500
🏠 北海道弟子屈町湯の島3-5-5

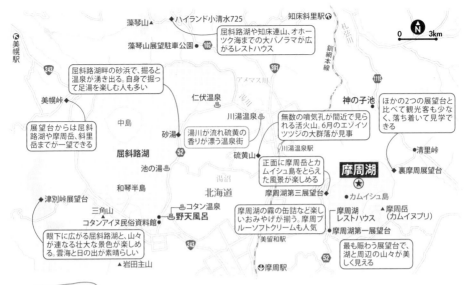

【地図内のラベル】

藻琴山
◆ハイランド小清水725
知床斜里駅

屈斜路湖や知床連山、オホーツク海までの大パノラマが広がるレストハウス

藻琴山展望車公園　102

美幌駅
243

仁伏温泉

屈斜路湖畔の砂浜で、掘ると温泉が湧き出る。自身で掘って足湯を楽しむ人も多い

美幌峠

川湯温泉

神の子池

ほかの2つの展望台と比べて観光客も少なく、落ち着いて見学できる

中島

砂湯

湯川が流れ硫黄の香りが漂う温泉街

無数の噴気孔が間近で見られる活火山。6月のエゾイソツツジの大群落が見事

清里峠

展望台からは屈斜路湖や摩周岳、斜里岳までが一望できる

屈斜路湖

池の湯

硫黄山

川湯温泉駅

摩周湖

裏摩周展望台

和琴半島

北海道

正面に摩周岳とカムイシュ島をとらえた風景が楽しめる

摩周湖第三展望台

カムイシュ島

◆津別峠展望台

三角山
コタンアイヌ民俗資料館

コタン温泉
野天風呂

摩周湖の霧の缶詰など楽しいおみやげが揃う。摩周ブルーソフトクリームも人気

摩周湖レストハウス

摩周岳（カムイヌプリ）

摩周湖第一展望台

眼下に広がる屈斜路湖と、山々が連なる壮大な景色が楽しめる。雲海と日の出が素晴らしい

▲岩田主山

243

美留和駅

最も賑わう展望台で、湖と周辺の山々が美しく見える

52

◆摩周駅

野天風呂 ●のてんぶろ

屈斜路湖周辺にあるコタン温泉は無料で利用できる。砂浜を掘るとお湯が湧き出る砂湯もあり、足湯ができる。

神の子池 ●かみのこいけ

池底がくっきり見えるほど、澄んだ清水をたたえた小さな池。腐ることなく沈む倒木が、神秘さを際立たせる。

◆アクセス 摩周湖へ

●釧路駅から摩周駅までJR釧網本線で約1時間20分。阿寒バスに乗り換えて摩周湖まで約25分
●釧路空港から摩周湖まで車で約1時間15分

鉄道やバスは本数が少ないので注意。摩周駅からの路線バスは、摩周湖第一展望台まで通年運行。摩周湖第三展望台、裏摩周展望台へのバスはないので、タクシーを利用。駐車場は各展望台にある。

摩周メロン ●ましゅうメロン

糖度が高く上品な甘さ。域外市場に流通していないため幻のメロンと呼ばれる。

● いつ行きますか？

緑と湖が調和する夏がおすすめ

6～7月は霧の発生するピーク。早朝の雲海が美しく見えるのは6～10月頃。7～9月は最も過ごしやすい季節。7～8月は摩周岳トレッキングで高山植物も楽しめる。11～4月中旬の冬季は、摩周湖第三展望台と裏摩周展望台は閉鎖されるが、凍結した湖面や美しい星空など、冬の魅力も満載。

● 絶景をめぐるおすすめプラン

展望台から広大な湖を一望する

1日目

午前＊硫黄山周辺を散策
硫黄山の山麓には、つつじヶ原自然探勝路があり散策におすすめ。

午後＊屈斜路湖周辺を散策
屈斜路湖畔の野天風呂などでリラックスし、屈斜路湖の全景を眺めに美幌峠へ。ほかにも複数の展望施設があるのでドライブを楽しみながら移動。

2日目

午前＊幻想的な雲海に出会う
早朝に摩周湖を目指し、摩周湖第一展望台へ。条件が合えば雲海を望むことができる。天気が良ければ、摩周岳や斜里岳などの山々も眺められる。摩周湖レストハウスで休憩後は、摩周湖第三展望台を訪れたい。

午後＊湖の多様な表情を観賞
裏摩周展望台では異なる湖の様子を見学できる。周辺は、摩周湖ダウンヒルツアーやサイクリングツアーに参加して巡るのもおすすめ。

お泊まり情報　摩周湖の近くにある川湯温泉にはホテルなどが点在し、屈斜路湖周辺にはペンションが多い。

109 福島 ＜ ごしきぬま
五色沼

季節や時間で色を変える裏磐梯を代表する景勝地

⊙五色沼で最も大きい毘沙門沼では、手漕ぎボートに乗ることもできる。沼越しに雄大な磐梯山の姿を望む

⬆毘沙門沼の次に大きな弁天沼。美しい
青色の水の向こうに吾妻の山並みが見える

趣の異なる湖沼を結ぶ
静かな森に包まれた探勝路を歩く

　磐梯山の北側、裏磐梯と呼ばれるエリアには、大
小300もの湖が点在する。明治21年(1888)の磐梯山
の噴火によって生まれた五色沼とは、そのなかの30
ほどの湖沼群のこと。青白く光る神秘的な色をたた
えた青沼、周辺の植物が赤褐色に染まった赤沼、場
所や日の当たり方によって3つの色が水面に浮かぶ
みどろ沼、美しいコバルトブルーの毘沙門沼など、
湖底の色や水質により、さまざまな色の沼が見られ
る。いくつかの沼を結んで探勝路が整備されている
ので、散策を楽しみながら巡ろう。季節や天気によ
っても景観は変わるので、何度でも訪れたい。

お待ちしています!

湖沼の国、裏磐梯へようこそ。福島県北部、標高800mの高原リゾー
トである裏磐梯は、夏でも平均気温20℃の過ごしやすい気候です。例
年10月中旬〜11月上旬に紅葉の見頃を迎えます。中津川渓谷や磐
梯山ゴールドラインの絶景をぜひご覧ください。
裏磐梯観光協会　小椋政男さん

おでかけ前に 最新情報!
裏磐梯観光協会　📞0241-32-2349
裏磐梯ビジターセンター　📞0241-32-2850
🏤 福島県北塩原村桧原剣ケ峯1093-697

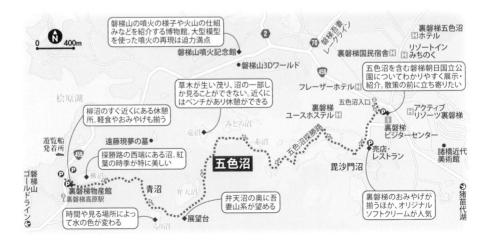

磐梯山の噴火の様子や火山の仕組
みなどを紹介する博物館。大型模型
を使った噴火の再現は迫力満点
磐梯山噴火記念館

●磐梯山3Dワールド

裏磐梯五色沼
Hホテル
リゾートイン
みちのく
裏磐梯国民宿舎 H

五色沼を含む磐梯朝日国立公
園についてわかりやすく展示・
紹介。散策の前に立ち寄りたい

草木が生い茂り、沼の一部し
か見ることができない。近くに
はベンチがあり休憩ができる
フレーザーホテルH

裏磐梯
ユースホステルH
五色沼入口

アクティブ
リゾーツ裏磐梯

柳沼のすぐ近くにある休憩
所。軽食やおみやげも揃う
遠藤現夢の墓●
みどろ沼
竜沼
赤沼
五
色
沼
探
勝
路
裏磐梯
ビジターセンター

桧原湖
探勝路の西端にある沼。紅
葉の時季が特に美しい

五色沼

毘沙門沼
売店・
レストラン
諸橋近代
美術館

遊覧船
発着所
裏磐梯物産館
裏磐梯高原駅
柳沼
青沼
弁天沼
弁天沼の奥に吾
妻山系が望める
裏磐梯のおみやげが
揃うほか、オリジナル
ソフトクリームが人気
猪苗代湖

磐梯山ゴールドライン
時間や見る場所によっ
て水の色が変わる
展望台
るり沼

0 400m N

お泊まり情報　裏磐梯エリアには、リゾートホテルからペンション、コテージなどさまざまな宿がある。

青沼 ●あおぬま

五色沼のなかでもいちばん青く見える沼。紅葉の時季は周りの葉や水中の色彩も合わさり、神秘的な光景に。

● いつ行きますか?

紅葉で華やかに彩られる秋がベスト

新緑のきれいな5～6月、涼しく爽快な7～8月、雪に包まれる12～3月と、どの季節もいいが、沼の水面と周辺の木々のコントラストが素晴らしい10～11月の紅葉の季節が特におすすめ。冬はスノーシューが必要で、ガイド付きツアーを利用したい。

◆ アクセス 五色沼へ

●郡山駅から猪苗代駅までJR磐越西線で約40分。
　猪苗代駅から五色沼入口まで磐梯東都バスで約30分
探勝路の入口には東側の五色沼入口バス停のほか、西側の裏磐梯高原駅バス停がある。車の場合、猪苗代磐梯高原ICから約20分。東西のバス停付近にある駐車場に停めて、散策後は駐車場までバスで戻るのがいい。朝夕はバスの本数が少ないので注意。

● 絶景をめぐるおすすめプラン

五色沼探勝路を歩き、点在する湖沼群を巡る

1日目

午前＊探勝路に入る前に準備を整えよう
バスに乗って五色沼入口へ。まずは裏磐梯ビジターセンターで情報収集しよう。地図をもらうのを忘れずに。

午後＊湖沼群を眺めつつ、自然とふれあおう
五色沼探勝路を進み、順番に沼を巡ろう。毘沙門沼ではボートにも乗りたい。沼巡りのあと、桧原湖散策を楽しんだら、近くの高原リゾートホテルでゆったり過ごそう。

2日目

午前＊湖沼巡りの最後は福島を代表する湖へ
磐梯高原で最大の猪苗代湖へ。時間があれば、野口英世記念館など湖周辺のスポットに立ち寄りたい。

午後＊会津山塩ラーメンに舌鼓&おみやげ探し
大塩裏磐梯温泉の温泉水を使い、昔ながらの製法で作った会津山塩。このまろやかな味わいの高級塩を使ったラーメンは絶品!

猪苗代湖 ●いなわしろこ

透明度の高い水が特徴で、天鏡湖とも呼ばれる。遊覧船の運航もあり、冬には多くの白鳥が飛来する。

INDEX

本書の使い方

本書に掲載されている情報は2021年7月に調査・確認したものです。出版後に変更になる場合もあります。おでかけの前に最新情報をご確認ください。掲載内容には万全を期しておりますが、本書の掲載情報による損失、および個人的トラブルに関しては、弊社では一切の責任を負いかねますので、あらかじめご了承ください。
●交通機関の所要時間、本数（便数）は時期や時間帯により変動する場合があります。目安としてご利用ください。
●おすすめの季節・時間は目安です。また、開花時期などは年により変動しますので、事前にご確認ください。
●モデルプランには絶景スポット周辺の観光地を組み込んでいるものがあります。出発地や季節などにより内容は変動が予想されます。プランニングの参考としてご利用ください。
●写真は季節や時間帯、撮影場所などにより、訪れたときの風景と異なる場合もあります。
●新型コロナウイルスの影響による訪問の際の注意事項や条件などは事前に電話やHPなどでご確認ください。

写真協力

P.12-13：縄文遺跡群世界遺産保存活用協議会　P.24-27：積丹観光協会　P.28-29：大月町観光協会
P.32-35：和歌の浦日本遺産活用推進協議会　P.36-39：北山崎レストハウス
P.42-43：宇土市経済部商工観光課　P.48-49：三豊市観光交流局
P.51：鹿児島県観光連盟　P.52-55：八重山ビジターズビューロー
P.58-61：座間味村役場 船舶・観光課／沖縄観光コンベンションビューロー
P.70-71：朝日町観光協会　P.74-75：吉野山観光協会　P.76-77：弘前観光コンベンション協会
P.78-79：北竜町役場産業課　P.80-81：秩父市役所観光課　P.82-83：ひたちなか市観光振興課
P.84-85：越前町観光連盟／福井県観光連盟　P.86-87：横浜町役場産業振興課
P.90-95：屋久島観光協会　P.96-99：十和田国立公園協会／ESARIO
P.104-105：中之条町観光協会　P.106-109：吉田利栄／朝来市役所観光交流課
P.110-111：郡上八幡産業振興公社　P.112-113：岡山県観光連盟
P.114-115：妙高高原スカイケーブル　P.116-117：三峯神社　P.120-125：立山黒部アルペンルート
P.126-129：諏訪市観光案内所／車山高原観光協会／茅野市観光課／信州ビーナスライン連携協議会
P.134-137：八幡平市観光協会　P.140-141：龍泉洞　P.141：石垣島鍾乳洞　P.145：JR北海道
P.152-155：JR北海道／シンラ／オホーツク・ガリンコタワー／道東観光開発／北海道立オホーツク流氷科学センター　P.156-157：八甲田ロープウェー　P.158-159：横手市観光協会
P.160-163：阿寒ネイチャーセンター　P.164-165：砺波市観光協会／とやま観光推進機構
P.166-167：秋田県観光連盟　P.167：真駒内花火大会実行委員会　P.167：新潟県観光協会
P.168-171：日光市観光協会／日光インタープリター倶楽部　P.178-179：白山市観光連盟
P.180-183：高千穂町観光協会　P.184-185：層雲峡観光協会　P.186-187：奥会津郷土写真家 星賢孝
P.190-191：菊池市役所　P.192-195：黒部峡谷鉄道　P.196-199：げいび観光センター
P.200-201：昇仙峡観光協会　P.204-207：宮城県蔵王町農林観光課
P.210-211：湯沢市観光・ジオパーク推進課　P.212-213：鬼押出し園
P.214-217：川根本町まちづくり観光協会　P.220-223：上士幌町観光協会
P.224-225：沖縄美ら島財団　P.226：三河工芸ガラス美術館　P.227：アートアクアリウム美術館
P.227：彫刻の森美術館　P.228-231：知床斜里町観光協会　P.236-239：松本市アルプス山岳郷
P.240-241：ちの観光まちづくり推進機構　P.242-243：飯豊町観光協会
P.244-247：摩周湖観光協会
PIXTA　ほか

このほか編集制作にあたり、多くの方々、関係諸施設からご協力いただきました。

本書は2014年7月に弊社より刊行された『にっぽん 絶景の旅』をもとに、掲載地を追加・変更のうえ、再編集したものです。

STAFF
株式会社 K&B パブリッシャーズ

岩切あや　小林彩香　吉村重実　谷口裕子
浅野裕美　尾崎健一　後藤孝宏
長谷川麻稚子　宮下幸士　大平健太　泉初江
今泉真由子　内川智行　田中香代子
飯村仁美　金原理沙　大谷照美
中山航太郎　小寺二葉　近藤崇之　土屋彩奈
小川純子　小嶋遼　井島凌　小栗琴美
西松芽以　小畑美結　小山礼奈

表紙デザイン：山田尚志

執筆協力：遠藤優子

地球新発見の旅
What am I feeling here ?

美しい日本へ
絶景の旅

2021年10月22日　初版第1刷発行

編　者　K&Bパブリッシャーズ編集部
発行者　河村季里
発行所　株式会社K&Bパブリッシャーズ
　　　　〒101-0054　東京都千代田区神田錦町2-7 戸田ビル3F
　　　　電話03-3294-2771　FAX 03-3294-2772
　　　　E-Mail info@kb-p.co.jp
　　　　URL http://www.kb-p.co.jp

印刷・製本　株式会社 加藤文明社

本書に掲載した地図の作成に当たっては、国土地理院発行の数値地図（国土基本情報）電子国土基本図（地図情報）、数値地図（国土基本情報）電子国土基本図（地名情報）及び数値地図（国土基本情報20万）を調整しました。

本書の掲載情報による損失、および個人的トラブルに関しては、弊社では一切の責任を負いかねますので、あらかじめご了承ください。